바람의 길

북나비 수필선 1

바람의 길

북나비

책머리에

기억 속의 빈 들판은 갈기 푼 바람의 집이었다. 그곳은 한 번도 정지해 본 적이 없는 바람의 길과 소리뿐, 그 바람에는 날것과 떠돌이의 냄새가 늘 묻어났다. 그 들판에 서면 바람은 살과 뼈를 들쑤시고 헤집어 어지럼증을 일으켰다. 때론 피를 뜨겁게도 만들고 더러는 바싹 마르게도 하였다.

그 바람을 외면하고 살아온 세월은 경마장 같았다. 그것은 원형으로만 돌아가기에 뒤를 쫓아가면 쫓아갈수록 삶의 본질과는 거리가 더 멀어질 뿐이었다. 이젠 건조한 일상을 풍뎅이처럼 맴돌기보다는 빈 들판에 서서 바람을 마주하며, 시리고 부끄럽더라도 생의 민얼굴을 또 만나야 하리라.

다시 바람 부는 빈 들판으로 눈길이 향하고 있다. 생을 지탱해 줄 기본 조건들이 모두 거두어진 황량한 들판에서 갈기 푼 바람을 만나기 위함이다. 태어나기도 전에 불었고,

지금을 거쳐, 먼 훗날까지도 불 바람에 영육을 맡기면 안일과 타성의 더께에서 조금은 벗을 수 있을 것만 같아서이다.

그래, 빈 들판에 서서 그 바람을 순한 눈매로 온전히 맞이하리. 바람을 맞이하는 푸른 깃발 되어 자신을 스스로 곧추세울 수 있는 단단하고 정갈한 뼈 하나 만들어야겠다. 인욕의 때를 벗고 남루한 살을 깎아내다 보면 투명한 깃대 같은 뼈마디 하나 만날 수 있을는지도 모르는 일이니까.

그동안, 원형 경기장과 바람의 길목에서 만난 소소한 사상(事象)들을 붓방아질하여 쓴 글 중에서 28편을 가려 뽑았다. 사실과 체험의 민낯들이다.

2014년 여름

정 태 헌

차례

Ⅰ. 간이역 그 여정(旅程)

2. 바람의 길

1.

간이역 그 여정(旅程)

간이역, 갈 수밖에 없는 운명의 터널이고 올 수밖에 없는 애환의 건널목이다. 애오라지 먼 곳을 돌고 돌아 또다시 막차를 기다리는 사립문이다. 시린 인생열차, 시방 간이역에 서 있다.

아침 풍경

어둠이 물러가고 사위가 밝아오자 물상들이 돋아난다. 달콤한 새벽잠을 애써 떨치고 안경을 닦아 끼고 밖으로 나선다. 오늘 아침에는 또 어떤 풍경을 만나게 될까. 일상에 젖어 살다 보면 별다른 감회 없이 아침을 맞기도 한다. 하지만 아침은 언제나 어둠에서 빛 속으로 나온 사물들을 감격과 경탄으로 맞이하지 않던가.

오늘은 후미진 골목을 산책길로 택한다. 이 골목은 내게 여느 곳보다 아침을 신선하게 느낄 수 있게 해 주는 길이다. 동네에서 제일 먼저 문을 여는 부식 가게 주인의 부지런한 걸음새도 보기 좋고 주홍빛 능소화가 흐드러진 나지막한 담장을 따라 걷는 것도 흐뭇하다. 무엇보다도 골목 양쪽엔 열병식 하듯 줄지어 늘어선 은행나무가 있어

철마다 바라보는 눈맛이 그만이다. 봄엔 반짝이는 연둣빛 싹을 볼 수 있고, 여름엔 치렁한 녹음 밑을 거닐 수 있으며, 가을이면 노란 단풍에 물들 수 있다. 그리고 겨울엔 알몸으로 묵도하는 나뭇가지를 올려다보며 또 다른 봄을 잉태하리란 기대감으로 마음을 부풀릴 수 있어 좋다. 꽃을 바라보고 나무 곁을 걷는다는 것은 참 흔흔한 일이다. 꽃은 삶에서 무늬 만드는 요령을, 나무는 말이 여물도록 침묵하는 법을 가르쳐 준다.

이 골목길은 늘 한산하다. 하나 정갈하며 짱짱한 햇살이 고여 있는 길이다. 골목 양쪽에 고택들이 많은 걸 보면 주민들은 나이 지긋한 사람들일 것 같다. 어느 집 담벼락엔 시가 새겨져 있다. '…가을날/ 빈손에 받아 든 작은 꽃씨 한 알/ 그 숱한 잎이며 꽃이며/ 찬란한 빛깔이 사라진 다음/ 오직 한 알의 작은 꽃씨 속에 모여든 가을…' 꽃씨를 손바닥에 받아들고 내적 성숙을 다짐하는 시인의 마음자리가 좋아 담벼락에 새겼을까.

담장 난간에서 흰털 고양이 한 마리가 내려와 뒤를 따른다. 고양이도 나처럼 아침풍경을 즐기려 나선 것일까.

짐짓 몇 걸음을 양보했더니 의젓한 자세로 앞장을 선다. 날렵한 허리를 늘이며 여유를 부리기도 한다. '신의 모든 창조물 중, 끈의 노예로 만들 수 없는 것은 딱 한 가지, 고양이 뿐'이라 했던 어느 소설가의 말이 떠오른다.

어디선가 종소리가 울린다. 골목 초입에서 들려오는 종소리다. 맑고 투명한 음향이다. 점점 가까워져 온다. 두부 장수다. 손수레에 두부 좌판을 싣고 풍경을 울리며 이쪽으로 다가온다. 오랜만에 듣는 두부 종소리다. 뎅그렁 뎅그렁, 사뭇 정겹다. 오랫동안 고층 아파트에서만 살아온 탓일 게다. 두부 장수가 이른 아침에 골목을 누비고 있다는 사실을 잊은 지 오래였다. 늙숙한 사내를 연상했는데 젊디젊은 여인네다. 삼십 대 초반쯤 될까. 노랜 캡을 쓴 여인은 발걸음 가락에 맞춰 두부 종을 울려댄다. 감청색 바지와 노란 점퍼 차림에 흰 운동화를 신고 있다. 아침에 어울리는 모습이다. 여인은 경쾌한 목소리로,

"두부가 왔어요, 싱싱한 두부가 왔어요."

어둠을 떨치고 깨어난 목소리다. 가슴이 환해진다. 여인네의 해맑은 미소와 옷차림이 건강하고 싱그럽다.

두부 장수가 스쳐 가고 저편에서 휠체어를 밀고 오는 사람과 마주친다. 중년 사내가 미는 휠체어에 탄 소녀는 딸인 듯하다. 하반신이 불편한 모양이다. 하지만 소녀의 앳된 얼굴은 해맑은 미소로 가득하다. 아침 산책을 나온 모양이다. 딸은 담장 밑에 피어난 구절초를 손바닥으로 쓰다듬고 사내는 그런 소녀를 사랑스러운 눈빛으로 그윽하게 바라본다. 그들에게서 그늘은 찾아볼 수가 없다. 아침은 그런 모양이다.

골목 끝에 이르니 아침 햇살이 땅 위에 함치르르 흐른다. 햇살을 밟는 발걸음이 더욱 가볍다. 이런 아침을 놓치고 늦잠을 자는 것은 현명하지 못한 일이다. 아침엔 가벼운 옷차림으로 느릿하게 걸어볼 일이다. 햇살 같은 가벼운 마음으로 그냥 걷자. 어제가 잘려나가고 내일의 삶이 불투명하다 해도 빛나는 이 아침이 있지 않은가. 번잡한 감정도 고달픈 일상도 다 벗어두자. 조금 후면 눈부신 햇살이 골목 안을 낭창낭창 채울 것이다.

이제 집에 들어 따뜻한 물로 사워하자. 그러고 나서 기도를 하자. 신은 허무 곁에만 있는 게 아니라 기쁨 곁에도 있다. 기도한다는 것은 생의 자세를 낮추는 일이자 헝클어진 속뜰을 곱게 빗질하는 일이다. 어제보다 더 겸손하고 단순하게 살며 새로운 것을 보게 해 달라고 기도하자. 늘 새롭게 태어났다는 생각으로 아침을 맞이하게 해 달라고 간구하자. 생의 본질은 저녁이 아니라 어쩌면 아침에 있는지도 모른다.

꽃과 나무, 시, 고양이, 두부 장수 여인, 종소리, 휠체어 소녀, 햇살들…. 살아가면서 평생 두 눈에 담을 수 있는 것이 얼마나 될까. 오늘 아침처럼 빛나는 풍경을 볼 수 있는 날은 얼마나 남았을까. 내일은 안경을 더 깨끗이 닦아 끼고 나서리라. 새로운 아침을 맞는 자의 자격이 오늘을 충실히 사는 것이라면 내게 주어진 이 하루를 어제보다 더 알뜰하게 쓰리라. 그리하여 내일 아침에는 나도 하나의 풍경으로 서서 누군가를 기다려 보리라. 희망을 품고 맞은 아침은 황금을 몰고 온다지 않는가.

간이역 그 여정(旅程)

쉽사리 지나치질 못한다. 아련한 기억과 암암한 풍경 그리고 사념들 때문이다. 빛바랜 회색 지붕과 일자형 단층 목조 건물, 먼발치에라도 간이역이 눈에 띄면 그 자리에 멈춰 서고 만다. 간이역 곁엔 철 지난 코스모스와 해바라기, 낙엽 진 미루나무와 소슬바람, 수척한 들판과 싸락눈이 머물러 있다.

그 곁을 그냥 지나치질 못해 대합실로 들어가 마른 풀잎 같은 내음을 맡아본다. 삶의 자잘한 무늬와 일상의 조각들이 오롯이 그 안에 숨 쉬고 있다. 먼지 앉은 낡삭은 의자와 흐릿한 유리창, 어디선가 맵싸한 디젤 내음이 흘러들 것 같고 구석으로 밀려난 녹슨 석탄 난로가 눈을 감은 채 졸고 있다. 생의 도정에서 쉽사리 지나쳐 버린 삶의 여정과 풍경들이 그 안에 놓여 있다.

간이역은 저편의 외진 기억이다. 실그물에 담긴 삶은 계란, 심심풀이 땅콩과 오징어, 목쉰 기적 소리, 바람 찬 들판과 완행열차 곁에 간이역은 머물러 있다. 속도와 능률의 뒷전에 있고, 무시하고 지나쳐 버린 외진 곳에 있다. 그래도 기차를 타기 전 누군가에게 엽서를 부치던 빨간 우체통이 멀뚱히 서 있다.

간이역은 긍정과 부정이 공존하는 짝패다. 소박 호젓 설렘 여유로움이 있는가 하면, 눈물 이별 소외 외로움 고단함이 들꽃처럼 서로 여윈 어깨를 기대고 있다. 소박 속에 소외가, 호젓 속에 외로움이, 설렘 속에 이별이, 여유로움 속에 고단함이 흥건히 고여 있다.

간이역은 이완과 불꽃이다. 멈춘 시간과 늘어진 지루함, 빛바랜 회억의 공간만은 아니다. 차표도 살 필요 없이 그저 기차에 올라타기만 하면 되는, 비록 애잔함과 무심(無心) 속일지라도 침목 곁의 푸른 시그널처럼 반짝임을 피어올리는 순간의 불꽃이 숨어 있다. 졸고 있지만 다순 기운이 맴돌고, 늘어져 있지만 짱짱한 피돌기가 남모르게 똬리를 튼 채 속살을 채우고 있다.

간이역은 이별과 눈물이다. 만남보다는 이별하기에 마땅한 곳, 깃대에 매달린 깃발조차 그렁한 눈물에 젖어 있다. 떠나보내는 목마른 손길이 있고, 단선 철로 위를 고개 처박고 달리는 속울음이 담겨 있다. 급행열차가 경적을 울리며 무심히 통과하면, 하릴없이 흔들리는 역사 앞 깃대에선 한 방울 눈물 같은 쓸쓸함이, 툭 떨어진다.

간이역은 추억과 만남이다. 세월 한쪽에 동그마니 머물러 있는 한 줌 추회다. 속도 속에서 사라진 기억이고, 흑백사진처럼 아련한 기억의 뒤란이며, 유년의 사진 한 장 뒤떨어뜨려 놓은 오롯한 회색 창고다. 떨림으로 통과하던 터널이며, 기대로 발 동동거리면서 손목시계를 바라보던 마음자리다. 그 마음자리 곁엔 무량한 강물이 켜켜이 흐르고 있다.

간이역은 희망이며 설렘이다. 힘차게 요동치며 출발을 알리는 기적 소리가 희망의 신발 끈을 매고 있다. 산모롱이 저편에 대한 동경과 기대가 담겨 있다. 눈을 떠 미지를 향하는 설렘을 잉태하는 쪽문이다. 깃발을 흔들며 내일을 기대하는 기다림의 등불이 곱게 타오른다.

간이역은 낭만과 외로움이다. 노을 비낀 풍경 속에 고단한 삶의 세목이 있다. 빈 뜨락에 잿빛 비둘기 몇 마리 회상처럼 머물다 가면, 포플린 판박이 저고리에 꽃무늬 양산을 든 여인이 누군가를 하염없이 기다리던 곳이다. 하루 수십 대의 기차가 오가지만 오직 무궁화호만 서너 대 잠깐 머무는 역무원조차 없는, 녹슨 철로, 침묵하는 침목, 기웃거리던 잠자리조차 발길을 돌리면 비수 같은 쓸쓸함이 등 뒤에 와 꽂히는 적요다.

간이역은 기다림이며 깨달음이다. 하염없는 해바라기와 손을 흔드는 코스모스가 어우러진 곳, 그리움이 육화돼 기억처럼 우두커니 서 있다. 그렇다고 속도를 방해하는 훼방꾼이 아니며 쓸모없는 우수리도 아니다. 속도 지상주의가 무시하고 지나쳐 버린, 또 다른 가치를 표상한다. 외려 기다리는 자만이 얻을 수 있는 열매가 익어가는 텃밭이다. 그 열매가 들크무레하게 익을 때쯤이면 기다리는 이의 눈빛은 깊어지고 눈매는 능선처럼 아슴아슴해진다.

간이역은 흔적이며 길이다. 오직 선로 위만을 오가며

달려야 하는 가슴 졸임의 비탈길이다. 뭇사람의 옷깃이 스쳐 간 길목이고, 떠난 자들이 다시 돌아오는 조붓한 통로다. 떠나며 돌아오는 길, 불현듯 사무치게 그리운 사람 하나 아삼삼하게 떠오르는 골목이다. 곤때 묻은 옷자락과 땀에 전 손수건이 있으며, 해 저무는 철로에 밤 그늘이 머물기 위해 자리를 잡는 사랑채다.

간이역은 멈춤과 출발이다. 꺼쉰 기적 소리, 가기 위해서 멈춰야 하고 더 멀리 가기 위해서 잠시 머물러야 하는 거점이다. 하나 다시 등 떠밀려가는 강물처럼 흘러가야 하고, 출발을 위해서 다시 멱차 오르게 힘을 추슬러야 하는 꿈의 저장소이다.

간이역, 갈 수밖에 없는 운명의 터널이고 올 수밖에 없는 애환의 건널목이다. 애오라지 먼 곳을 돌고 돌아 또다시 막차를 기다리는 사립문이다. 시린 인생열차, 시방 간이역에 서 있다. 그 간이역 시그널 옆에 가을 나그네로 나는 묵연히 서 있다.

풍경 소리

현관문을 열자 울어 내는 풍경의 세미한 음이다. 명징한 소리가 울림으로 파고 든다. 걸음을 멈추고 그 음향에 빠져 든다.

강 건너에서 들려오는 갓맑은 음향이다. 산록을 거스르는 솔바람 소리가 섞여 있다. 그 소리 갈피엔 비취색 하늘이 떠간다. 하마 산바람이 키워낸 소소한 소리일 터, 가슴은 아득하고 소쇄해진다.

며칠 전부터 아파트 현관문 안쪽에 워낭만한 풍경 하나 매달려 있다. 번다한 도심에서 듣는 풍경 소리가 이리 상쾌할 줄이야. 아내가 절집 구경을 갔다가 풍경 하나를 데리고 왔다.

고개를 들어 쳐다본다. 쇠종 안에 방울 추를 달아놓았

는데 추의 흔들림에 따라 그 소리를 우려낸다. 추 밑에는 붕어 모양의 쇳조각이 공기의 진동에 흔들린다. 절집 대웅전 추녀 끝에 매달린 여느 풍령(風鈴)과 똑같다.

어느 산사 대웅전 처마 끝에 파랗게 녹슨 풍경이 창연히 매달려 있는 것을 보고 마음이 끌린 적이 있었다. 그런 풍경을 동행한 사람에게는 사 건네면서도 정작 스스로는 간직할 줄은 몰랐다. 한데 아내의 손에 이끌려 내 집에 온 것이다.

아내도 이제 풍경 소리를 가슴에 담고 싶은 나이가 된 것일까. 아니면 일상에 얼크러진 가슴일랑 풍경 소리로 헹구어 내고 싶었을까. 어쩌면 세 아이 모두 외지로 떠나보낸 후 적적한 마음자리에 소리 하나 키우려고 그랬는지도 모른다. 내가 애완견 한 마리 사 키우자고 보챘는데도 별 반응을 보이지 않더니만. 그래, 차라리 풍경을 구해온 게 잘한 일이지 싶다. 생로병사에 얽혀 있는 강아지보다 한 자락 바람만으로 영원을 사는 풍경 하나 키우는 게 더 나을 성싶기 때문이다

문틈으로 새어든 가만한 바람에도 떨리듯 흔들리는 소

리는 안방에서도 들을 수 있다. 옆집에서 문을 여닫는 진동에도 풍경은 홀로 은은히 운다. 잠결에도 아슴히 울려오는 미세한 음향에 깨어나는 때면 풍경 소리는 그날 만났던 비음(秘音)이 된다. 그럴 때면 마음은 어느새 산문을 지나 일주문을 건넌다.

아직도 귀에 살아 있는 풍경 소리가 있다. 몇 해 전 지친 영육을 이끌고 오른 절집이었다. 거대한 바위들이 서로 겹쳐 있는 사이사이 산죽들은 청정하게 서 있고 산 밑 저편엔 푸른 바다가 한눈에 들어오는 곳, 남해 금산 보리암. 삭풍에 흔들려 다가온 풍경 소리는 얼크러진 가슴을 풀어지게 했다. 그 소리는 세진(世塵)에서 느끼지 못한 청아한 메아리였으며 영혼의 오르가슴을 불러일으키는 관능의 소리였다. 솔바람에 흔들려 난향처럼 그윽했으며 썰물 소리에 흔들려 자비로움을 풀어놓았다. 방일이나 나태함을 깨우쳐 주는 경세(警世)의 소리였다. 풀의 나부낌에도 도랑의 여울에도 음이 있는데 탈속의 언어인 풍경임에랴.

풍경 소리는 영혼을 자극하는 음이다. 탐욕과 집착, 교만에서 벗어나게 하는 청량의 음이다. 배덕을 곁들이지 않은 유일한 관능이며 계시가 높은 지혜의 음이다. 풍경이 이처럼 청아한 음향을 지닐 수 있는 것은 맑은 공기와 햇빛, 고요와 침잠에서 비롯된 것일 터. 어찌 닮을 수 있을까마는 다만 곁에서라도 그 소릴 듣고 싶을 따름이다.

풍경은 문을 여닫을 때만 나는 게 아니라 살아 스스로 우는 듯하다. 삼경, 바람 한 점 없는데 문을 여닫지도 않았는데 혼자 운다. 다른 곳에서 나는 소리일까 하고 귀 기울여 보았지만 그도 아니다. 풍경 소리는 귀로 듣는 게 아니라 가슴으로 듣는 울림이다. 떨림이다. 떨림을 잃고 사는 일은 생명이 소진되고 있다는 증거다. 어찌하면 저 풍경 소리를 가슴 속에 담아 둘 수가 있을까. 풍경 소리로 가슴을 채운다면 각다분하고 그악한 세파 속에서도 울림이 있는 명징한 가슴으로 살아갈 수 있을 것만 같은데 말이다.

사람들은 누구나 바깥 세계와 안의 세계, 두 갈래의 경계에서 살아간다. 강건하고 당당하게 바깥세상을 누리기 위해서는 자기 안의 세계를 튼실하게 가꾸어야 한다. 산사에서 듣던 풍경 소리가 시방 곁에 살아 있다. 바람결이

닿기 전에 스스로 울어 대웅전 추녀를 떠받치는 풍경처럼, 내 가슴에도 스스로 우는 풍경 하나 있으면 좋겠다. 하면 세사(世事)에 자꾸 무너지려는 허약한 가슴 떠받치는 지렛대가 되련만.

바람 부는 들판에 서서

역설의 계절이다. 가멸찬 결실 너머엔 메마른 바람이 산다. 가을걷이 뒤 황량한 들판을 가로지르는 만추(晩秋)의 바람. 그 바람의 갈피에는 갓맑은 목마름이 있다.

기억 속의 늦가을은 텅 빈 들판을 달리는 갈기 푼 바람이었다. 그 들판은 나를 초라하고 지치게 하였다. 그곳은 한 번도 정지해 본 적이 없는 바람 소리 뿐, 바람에는 혼란과 떠돌이의 냄새가 났다. 바람은 가슴을 헤집어 살과 뼈를 지나는 동안 부끄러움을 일으키고 때론 피를 마르게 했다. 빈 들판은 수척하고 허기를 느낄 수밖에 없는 곳, 오로지 박달나무 가지를 스치는 바람 소리만이 잠들지 못하는 내게 작은 위로였을 뿐이다.

한데 세월은 그런 생각이 얼마나 안일하고 나태한 것인

가를 일깨워 주었다. 빈 들판은 속뜰을 들여다볼 수 있는 깊은 곳이다. 무언가를 찟찟이 들여다볼 수 있는 밑바닥이다. 그런 빈 들판을 보고 있으면 원시 본연의 자태가 의식 속에 얼비친다.

누구에게나 영혼의 들판이 있다. 그곳은 빈 들판처럼 생을 지탱해 줄 기본 조건들이 거두어진 황량한 곳이다. 그 영혼의 들판은 자신을 부수고 자아를 확인하는 자리다. 들판에 선다는 것은 시련과 만나는 위기일 수도 있다. 하지만 위기는 위험과 기회라는 두 의미가 합성된 전환의 때이다. 안일보다는 빈 들판에 서서 나태를 부수는 바람 앞에 서고 싶다. 가을걷이 끝난 들판에서 팔 벌려 바람을 맞받는 허수아비처럼.

한 농부가 메추리를 팔고 있었다. 농부는 메추리의 발목을 가느다란 실로 묶고 그 줄을 막대기의 동그란 쇠에다 매어 놓았다. 메추리는 마치 방아를 돌리는 노새처럼 뱅글뱅글 돌고 있었다. 어떤 사람이 안쓰러운 생각이 들어 농부에게서 메추리를 모두 샀다. 그러고는 농부에게 새 발목에 있는 실을 풀어주라고 했다. 농부는 놀랐지만 하라는 대로 했다. 그러나 메추리는 날아가기는커녕 계속해서 그 자리에서 맴을 돌았다. 할 수 없이 그 사람은 손을 휘저어 그 새들을 쫓아 보냈다. 하지만 메추리들은 얼마쯤 날아간 것 같더니 다시 제자리로 돌아와 둥글게 앉아 맴을 도는 것이었다.

타성과 안일이 어찌 메추리뿐이랴. 이를 벗기 위해서는 바람 부는 들판에서 발가벗어 볼 일이다. 바람이 사는 벌판은 존재 자체가 변화를 겪는 거듭남의 밭이나. 바람을 맞으며 그동안 익숙했던 관습과 타성을 벗겨 내고 알몸으로 순례하는 법을 배울 일이다.

생을 경마장 같다고 했던가. 그것은 원형으로 돌아가기에 뒤를 쫓아가면 쫓아갈수록 본질과는 거리가 멀어질 뿐이다. 건조한 일상을 맴돌기보다는 차라리 빈 들판에 서서 바람을 마주하면 생의 민얼굴을 만날 수 있지 않을까. 멀어진 생의 본질 곁으로 다시 되돌아올 수도 있지 않을까 싶다.

생의 우선순위가 무엇인가를 알기에 황량한 들판만큼 좋은 데가 있으랴. 중요하다고 여기는 것들로부터 배신을

당한 이후에야 생의 우선순위가 무엇인가를 알게 되질 않던가. 벗은 사람이 되기 위해서는 바람 부는 황량한 들판에 서 볼 일이다.

이는 버리기 위함이다. 영혼에 무언가를 더 보태기보다는 있는 것을 깎아 내기 위해서다. 삶의 무게가 녹록지 않은데 바람을 맞아 비운다는 게 어찌 쉬운 일이랴. 하나 그동안 생을 자유롭지 못하게 했던 게 무엇이었던가를 만날 수 있지는 않겠는가.

들판은 정신과 영혼을 파괴하는 중독을 제거하는 곳이다. 인욕의 때를 벗는 공간이다. 들판에서 바람을 맞으면 자신을 스스로 곧추세울 수 있는 뼈를 만날 수 있을 것 같다. 때를 벗고 살을 비우면 투명한 뼈를 맞이할 수 있지 않을까 싶다.

늦가을의 빈 들판에 서서 순례자의 아들, 바람을 맨가슴으로 맞이하고 싶다. 내가 태어나기도 전에 불었고, 지금을 거쳐, 내가 사라진 이후에도 불 그 바람에 나를 맡기면 메추리의 안일과 타성을 벗을 수 있을 것만 같다. 바람이 사는 빈 들판으로 가고 싶다.

겨울 가로등

하염없이 내리는 함박눈, 어둠 속 사위는 적요하다. 인적조차 끊긴 한길 가를 홀로 걷는다. 눈 속 저편의 은은한 한 풍경, 내 눈길을 끌어 붙든다. 얼어붙은 추위 속에 앙상한 나목은 하늘을 향해 묵도하고 있고, 가로등은 목을 반쯤 기울여 나목에 따스한 불빛을 내어주고 있다. 그 불빛을 타고 날아오르는 하얀 눈송이들. 문득 눈송이보다 더 하얗던 눈빛 하나 떠오른다.

그날도 오늘처럼 눈이 내리던 날이었다. 호스피스 병실에 있던 그가 위독하다는 연락을 받았다. 발병하기 전에는 낙천적이고 낭만적이어서 주변 사람들을 끌며 즐겁게 하던 사람, 그는 남의 기쁨과 슬픔을 제 것처럼 여기며 이웃에게 봉사하고 선행을 베푸는 데 아낌이 없었다.

병치레 한 번 심하게 하지 않던 그가 어느 날, 암 선고를 받았다. 처음엔 당황한 표정이 역력했다. 하지만 그는 문제없이 이겨낼 수 있다며 평소 성격대로 의연한 태도를 보이질 않았던가. 한데 날이 가도 병세는 호전될 기미가 없이 점점 깊어져만 갔다. 그래도 담담한 모습을 잃지 않았기에 곁에서 보기에는 죽음을 선고받고 나서 삶을 깨친 사람처럼 보였다.

겨우 불혹을 넘긴 나이, 한데 언제 숨이 떨어질지 모른다는 급한 연락을 받고 가슴이 철렁했다. 병실에 들어서니 죽음을 목전에 둔 그의 눈빛은 처연하기 그지 없었다. 예전의 모습은 간데없고 꺼져가는 눈빛만 하얗게 남아 있었다. 시시각각 다가오는 사신의 그림자, 죽음이 닥쳐왔다는 말이 실감이 났다.

그는 내 눈을 물끄러미 바라보더니 입을 움찔거렸다. 무슨 말을 하고 싶었던 것일까. 하지만 입안에서 맴돌기만 할 뿐 뱉어낼 힘이 없었던 모양이다. 삭정이 같은 육신은 삭아내려 버렸고 눈빛마저도 아득할 뿐이었다. 적지 않은 세월, 함께 부대끼며 산 처지인데 왠지 낯선 사람 같았다.

아니 아무 것도 해 줄 수 없는 내가 그에겐 이미 낯선 사람이 되어 있었다.

사람은 누구나 태어난 그 날부터 한 걸음씩 죽어간다지만, 그는 그야말로 절박한 죽음의 벼랑에 서 있었다. 곧 떨어져야 할 저편, 숨이 막힐 것만 같았다. 나를 바라보는 그의 눈 속은 울음 빛이 그렁그렁했다. 더는 바라볼 수가 없었다. 그 눈빛을 피하여 병실 밖으로 나오고 말았다. 숨을 몰아쉬며 문밖에서 서성대기를 삼십여 분, 그예 방에선 울음이 터져 나오고 난 병실 복도에 얼어붙은 채 못 박히고 말았다. 등줄기를 타고 흐르는 자책의 싸늘함, 가슴속은 무언가가 쑤욱 빠져나가 아무 것도 남아있지 않은 것 같았다. 순간에 그리 아득히 가는 것을. 그 눈빛 하나 안아주지 못하다니. 그 눈빛 끝내 지켜주지 못한 것은 그의 죽음보다는 미구에 나에게도 어김없이 다가올 단절과 상실감 때문이었으리라.

그 후, 가버린 그에게 늘 빚을 지고 사는 기분을 떨치지 못했다. 죽어가는 그의 공허한 눈에 다순 눈빛을 섞어 끝까지 다독여 주었더라면 좋았을 텐데. 그 마지막 순간을 지켜주지 못했던 게 지금은 가슴에 회한의 맷돌이 되어 무겁게 얹혀 있다.

겨울이 되면 나무가 해야 할 일은 모든 것 다 털어내고 핏줄이 보이는 나목으로 서는 일이다. 나목은 치장과 허위를 벗고 또 다른 진실과 희망을 잉태하여 새순으로 피어날 봄을 기다린다. 잎은 떨어져 뿌리의 거름이 되고 열매는 인간의 손아귀에 쥐어져도 나목은 애오라지 섭리에 맡길 뿐이다. 그 섭리의 계단에서 만나는 가로등 불빛이 강파른 이 겨울을 벌거벗은 채 나야 하는 저 나목엔 얼마나 큰 위로이랴.

아파트 입구로 들어섰다. 화단의 마른 나뭇가지에 말라 비틀어진 검붉은 열매하나 희미하게 매달려 있다. 그 위로 눈송이는 하냥 소복소복 쌓이고 있다. 그 작은 풍경이 발길을 또 붙든다. 눈을 들어 저편 풍경을 다시 쳐다본다. 맷돌이 가슴을 짓누른다. 과연 나는 누구에게 단 한 번이라도 저 가로등이 되어 준 적이 있었던가.

등을 밀고 가는 것은

빨간 신호등 앞에서 차를 멈추고 있습니다. 건널목을 건너는 무리 속에 노인네가 섞여 있습니다. 초로의 노인네는 손수레를 힘겹게 밀며 건넙니다. 수레에는 폐휴지가 가득 쌓여 있고요. 노인네의 등은 구부정하지만 다행히도 아직은 견딜만해 보입니다. 그동안 그 등을 달구고 식히며 담금질한 것은 지난한 세월이었을 테지요.

삶의 등을 밀고 가는 것은 무엇일까요. 수레를 밀고 가는 이는 노인네지만 그의 등을 밀고 가는 것은 또 무엇일까 생각해 봅니다. 등을 밀며 영혼을 다독이는 것은 안락과 기쁨일까요, 고통과 슬픔일까요. 노인네의 등을 바라보다가 그 초로의 부부가 떠올랐습니다.

얼마 전, 일이 있어 서울 가는 길이었습니다. 두어 시간

달리다가 고속도로 상행선 휴게소에서 버스는 잠시 멈췄습니다. 배가 허출한 정오 무렵이었지요. 점심 대용으로 빵 한 조각을 사려고 휴게소 안으로 들어갔습니다. 빵을 파는 가게 앞에는 어느 여인이 먼저 서 있었습니다. 키가 작달막하고 머리칼이 성성한 여인이었습니다. 여인의 한 손에는 이미 콜라를 한 병 쥔 채였고요. 여인이 돈을 치르고 건네받은 것은 종이 봉지에 담긴 호밀식빵 한 덩이였습니다. 나도 그 빵을 사고 싶어졌습니다. 맛이 담백할 것 같아서였지요. 여인은 빵과 콜라를 들고 휴게소 밖으로 나갔습니다. 나도 생수를 한 병 더 사 들고 밖으로 나왔습니다.

밖엔 삼월의 다순 햇살이 내리고 있었습니다. 그 여인의 모습이 다시 눈에 들어왔습니다. 여인은 원탁을 앞에 두고 다른 두 사람과 마주 앉아 있었습니다. 발길이 멈춰졌습니다. 무심히 스쳤으련만 여인의 앞에 앉아 있는 스물두어 살쯤 돼 보이는 청년 때문이었습니다. 청년은 고개를 한쪽으로 쳐들고 입을 벌린 채 헤벌쭉 웃고 있었습니다. 두어 발짝 떨어진 곳에 자리를 잡았습니다. 초로의 두 사람은 부부인 듯하고 청년은 여인의 얼굴을 빼쏜 것으로 봐서 아들인 듯싶었습니다. 부부는 입성이 허름했으며 얼굴은 메말랐지만 평온해 보였습니다.

찬찬히 바라보니 청년은 한쪽 팔을 떨고 있었으며 고개는 도리질하듯 좌우로 흔들어댔습니다. 정신지체와 행동장애를 겪고 있는 듯했습니다. 부부의 시선은 청년을 바라보고 있었습니다. 여인이 산 호밀식빵이 생각났습니다. 아마 그 빵은 세 가족의 점심일 것만 같았습니다. 과연 그랬습니다. 청년은 탁자 위에 놓인 콜라를 손가락질을 하며 빨리 달라고 의자에서 엉덩방아를 찧으며 졸랐습니다. 콜라를 무척 좋아했던 모양입니다. 청년 혼자서 콜라를 먹을 수가 없을 텐데 하는 생각이 들었습니다. 손과 얼굴을 마구 흔들어댔기 때문입니다.

아들의 보채는 몸짓을 보고 어머니는 알았다는 손짓을 하며 다순 미소를 짓는 것이었습니다. 어머니는 손가방을 뒤적이더니 손수건을 꺼내 탁자 위에 깔고 사온 식빵을 양손으로 살게 뜯어 놓기 시작했습니다. 그 사이 아버지는 콜라 뚜껑을 힘겹게 이로 따고 그 속에 빨대를 꽂았습니다. 종이컵보다는 빨대가 더 나았겠지요. 아들은 부모의 그러한 모습을 보고 발을 동동 구르고 팔과 고개를 흔들어대며 즐거워했습니다. 어머니는 흔들어대는 아들의 입에 빵조각을 넣기 위해 덩달아 손이 움직였습니다. 하지만 아들의 입에 빵조각을 넣는 일은 쉽지가 않았습니다. 몸을 일으켜 입에 빵을 넣는 걸 성공한 어머니는 아들이 우물우물 빵을 씹는 모습을 보고 남편을 바라보며 손뼉을 쳤습니다. 아버지도 따라 손뼉을 치다가 아들의 입에 빨대를 물려 콜라를 빨아들이게 했습니다. 그러기를 십여 차례 반복했습니다. 그때마다 손뼉을 치는 부부의 모습을 물끄러미 바라보았습니다. 부부의 낯빛은 맑은 웃음과 안도의 기쁨으로 투명했습니다. 속이 허출할 텐데 그들은 요기할 기미는 보이지 않았습니다. 남은 빵은 손수건 위에 그대로 놓여 있었습니다.

부부는 아들에게서 한시도 눈길을 떼지 않았습니다. 저 역시 그들에게서 눈길을 뗄 수가 없었습니다. 가슴에 더운 기운이 우끈하게 일고 눈시울이 화끈거려 잠시 눈을 감았습니다. 어디선가 나직이 들려왔습니다. '보기에 참 좋구나…, 고맙다…, 그래, 이제 좋으냐…, 그동안 애썼다…' 그들 곁을 스치는 바람결이 빚은 환청이었을까요, 하늘에서 내려온 말이었을까요. 그 낮은 말은 부부의 가슴 저편으로 조용하고 섬세하게 흘러들었을 것입니다. 적어도 제겐 그렇게 들리고 느껴졌습니다.

승차 시각이 임박해 두어 번 뒤돌아보다가 버스에 올랐습니다. 차창 너머로 그들을 묵연히 바라보았습니다. 버스가 출발하자 그들의 뒷모습이 스치다가 시야에서 가뭇없이 사라졌습니다. 아니 사라진 게 아니라 그들의 모습이 차츰 제 가슴에 뿌리를 내리기 시작했습니다. 그동안 그들 부부가 겪었을 세월의 뿌리 말입니다. 지난했을 세월을 견뎌낸다는 게 어찌 쉬웠을까마는 이젠 기쁨이 되고 웃음도 되는 모양입니다. 얼마만큼 고통의 산을 넘고 슬픔의 바다를 건너야 저처럼 투명한 낯빛과 기꺼운 손뼉으로 바뀔 수 있는 걸까요. 불편하고 힘이 들뿐, 어쩌면 고통 속에 삶의 진실이 더 담겨 있는지도 모른다는 생각이 들었습니다.

부부의 시리고 저렸던 속 그늘이야 어찌 가늠이나 할

수 있겠는지요. 하지만 부부에게 그 아들은 무른쇠를 모루 위에서 망치로 두드려서 단단하게 만든 시우쇠 같은 자식이었을 것입니다. 그 자식이 부부의 등을 밀고 왔는지도 모릅니다. 그때까지 전 빵과 물을 손에 든 채였습니다. 목구멍으로 빵을 넘길 수가 없었습니다.

수레를 밀고 가는 등이 휜 노인네와 온전치 못한 자식을 눈앞에 둔 그 부부의 뒷모습이 자꾸 겹쳐집니다. 경적이 울립니다. 신호가 파란불로 바뀌었는데 빨리 가지 않고 뭐하느냐는 뒤차의 독촉입니다. 그때야 정신을 수습하여 다시 생의 가속기를 밟습니다.

그 고샅 풍경

복닥거리는 한길보다 골목길이 더 마음을 끈다. 구붓한 골목길은 아늑하고 친근감이 있어 마음이 편하다. 오늘은 일부러 골목길로 접어들어 집으로 향한다.

외길로 난 골목길, 고개 들어 바라본 푸른 하늘은 한길에서 바라본 것과 어찌 비기랴. 그런 골목길 풍경을 기웃거리며 걷다 보면 마음 푸근해 참 좋다. 삶의 애환이 배인 해질녘 골목길은 생각에 잠길 수 있어 마냥 걷고 싶어진다.

굽이진 골목길은 콧노래 흘리며 혼자 걸어야 제격이다. 함께 오순도순 동행하는 맛도 있겠지만 홀로 걷는 게 더 깊은 맛이 있다. 이런 골목길에서 우리는 잔뼈가 굵었고, 고물거리며 살다가 결국 그 길로 가뭇없이 사라진다.

골목길을 걷다 보면 가슴 가득히 번져 오는 길이 있다. 눈 감으면 물큰한 흙냄새 나는 그 고샅이다. 유년을 떠올리면 그 고샅이 눈에 암암하고, 고향의 풍정이 햇볕의 사금파리처럼 반짝인다. 그 고샅은 늘 마음의 등불이며 평화의 안식처다.

그 고샅을 통해 유년의 샘물을 길어 올린다. 그런 고샅을 가슴에 담고 있는 한 조금은 행복하다. 그 고샅은 내가 태어난 산촌의 궁벽한 마을을 가로지르는 길이다. 동구 느티나무에서 집으로 오십여 미터쯤 거스르는, 폭이 두어 발자국 정도의 조붓한 골목길이다. 내 상념은 무시로 그 고샅을 향해 줄달음친다.

희붐한 새벽녘에 그 고샅을 나서면 신선감에 젖었고, 낮엔 온갖 삶의 편린들이 은어 비늘처럼 반짝이던 곳이다. 석양녘에 토장국 내음이 골목 가득히 흐르면, 코를 흠흠대며 사립문으로 들어서던 길이다. 달 뜬 밤이면 출렁이는 달빛이 발에 밟히는 그윽한 곳이요, 언제나 살아 꿈틀거리는 오롯한 꿈의 터전이다.

봄이면 민들레와 오랑캐꽃이 무더무덕 피는 길. 여름엔

저편 미루나무에서 목청껏 울어대는 말매미 소리에 한낮에도 여름은 청청하기만 하다. 따가운 갈바람이 고샅을 달리며 토담 너머 잎사귀 뒤의 감 볼을 붉힌다. 그리고 눈 덮인 겨울엔 달빛 한 자락 베어 풀어 놓은 고요초롬한 길이다.

몽탄 당숙네 막내딸이 서울 양은공장으로 밤봇짐 싸 뒤돌아보며 갔던 길이고, 은행나무집 둘째 아들이 큰 돈 벌어 금의환향했던 길이다. 밀주 들켜 오라 차고 힘평 양반이 끌려간 길이고, 얄궂게도 그 아들이 번듯한 경찰이 되어 돌아온 길이기도 하다.

어머니의 흰 무명치마가 스쳐 간 정갈한 길이고, 술에 불콰한 아버지의 웅얼거리는 노랫가락과 어지러운 발걸음 소리가 흔들리던 길이다. 또 낡은 가죽 가방 속에 갖은 소식을 담고 구부정한 우체부가 오르내리던 가년스러운 길이다.

그 고샅을 통해 고모님은 눈물 훔치며 시집을 갔고, 몇 달 후엔 언제 그랬냐 싶게 치맛자락 날리며 종종걸음으로 고샅을 치닫던 길이다. 그런 딸을 맞는 할머니도 그 길을 통해 꽃가마 타고 시집왔으며, 결국 장대 같은 빗속을 꽃상여 타고 홀홀히 다시 되돌아갔던 길이다.

하나 아직도 밤마실 갔다 오는 체수 작은 할머니의 발자국 소리가 남아 있고, 소 팔러 갔다 임자 못 만나 워낭소리 앞세우고 터벅터벅 고샅을 거스르던 할아버지의 기침 소리가 밤바람과 함께 어우러진 길이다. 그런 밤이면, 달을 보고 컹컹 개 짖는 소리에 달빛이 흔들렸다. 그러면 밤이 이슥한 줄 알았고, 문문한 달이 휘영청 밝을 것이라 여기곤 했다.

어찌 유년 동무들의 왁자한 목소리가 들리지 않으리. 올챙이, 땅개, 딸금이, 아아 목덜미가 흰 분희, 그리고 살구나무집 숫저운 동금이도…. 그곳은 촌동들에겐 둘도 없는 놀이터요, 목을 빼는 기다림 터다. 아이들은 그곳에서 뒹굴며 발목이 굵어졌고, 재 너머 오일장에 간 어머니를 목마르게 기다리던 곳이다.

어둑발이 내리면, 어머니들은 아이들을 찾기 위해 골목을 향해 청마루에서 손나발을 불곤 했다. 하면 그 소리는 저녁 짓는 굴뚝 연기와 함께 어우러져 뒷산의 메아리로 되돌아 왔다. 우린 그 고샅에서 정을 나누고 슬픔을 달랬으며 기쁨을 함께 하기도 했다.

그 고샅에서, 햇볕과 바람과 길섶의 들꽃 곁에서, 나는 바깥세상을 배우기 시작했다. 비록 지금은 초라하게 변해버린 길이지만, 그때 그 고샅에서 익힌 유년의 몸짓으로 오늘을 살고 있는지도 모른다. 그리고 언젠가는 그 고샅을 통해 다시 회귀할 길이기도 하다. 하여 그 고샅은 언제나 내 영혼 한켠에 늠실늠실 흐르는 한줄기의 빛나는 강이다.

상념의 실타래를 풀다 보니, 어느덧 골목길을 벗어나 한길가로 나선다. 아파트 숲을 향해 걸어가는데 자동차 클랙슨 소리가 나를 깨운다. 화들짝 놀란 그 고샅의 아련한 풍경은 내 등 뒤로 슬며시 숨는다.

강물에게 길을 묻다

강변에 서서 도도히 흐르는 물살을 바라본다. 강물은 꼬리에 꼬리를 물고 무리 지어 유장하게 흘러간다. 느릿하게 걷다가도 창창(蒼蒼)히 달려간다. 때론 소쿠라지고 소용돌이치면서도 강물은 한 가지 열망으로 먼 길을 향한다. 한사코 더 높은 곳으로 가려는 강변 너머의 아우성들을 못 들은 체, 묵묵히 더 낮은 곳으로 향할 뿐이다. 산록의 갈맷빛 물그림자에 몸을 헹구며 흐르기에 더 청징해 보인다.

늠실늠실 흘러가는 저 섬진강 강물을 보라. 있는 힘을 다해 바다로 향하고 있지 않은가. 맴돈다고 에돈다고 나무랄 일이 아니다. 헤살 놓는 바람에도 잔물굽이만 흔들릴 뿐, 맴돌아도 눈을 뜨고 에돌아도 멈추지 않으며 흐르면서도 해찰하지 않는다. 더디 가니 빨리 가라 등을 떠밀어서는 안 된다. 강물은 가야 할 길과 곳곳에서 흐르는 속도를 잘 알고 있다. 스스로 최선을 다해 흔적을 만들며 흐르는 중이다. 강물은 무릎 꺾여 넘어질지라도 흘러갈 것이다. 흘러야 한다. 그래야 지혜를 얻게 되고 낮은 곳에서도 갈 길을 찾게 된다.

우리가 산다는 것도 강물처럼 가야 할 곳을 향해 흔적을 만들며 흐르는 일이다. 생은 물질적이든 감정적이든, 육적이든 영적이든 성취하고 싶은 목표를 향하여 걷는 일이다. 힘겹다고 중도에 머물러 버리면 썩고 만다. 여울에서 맴돌다 길을 잃어버리면 방황하게 된다. 안주는 부패를 낳고 방황은 혼돈을 불러온다. 하나 방황할지언정 저 강물처럼 쉼 없이 흘러가야 한다. 방황은 그래도 앞으로 나아갈 수 있는 기틀과 원동력을 잉태하고 있다. 수평선의 시원은 방황하면서도 쉼 없이 흐른 계곡 물이다. 하지만 안주는 무력함이며 퇴보다. 머물러 평온만을 누리며 사는 일은 흐르지 않는 강물처럼 썩고 만다. 머뭇거려서는 안 된다. 저 강물처럼 부지런히 흘러야 한다. 중도에 마르지 않는 한 강물은 바다에 이른다.

강물은 흘러가야 할 곳이 분명하기에 저리 늠실거리며 흘러가는 것일 게다. 세류로 흘러 여울에서 감돌다가 대하와 만나기도 하며 그 과정에서 청류도 되고 탁류도 된다. 절벽에서는 폭포로 떨어져 내려 소를 이루고 장애물을 만나면 사나운 기세로 빠르게 소용돌이치지만 평지에 이르면 장엄하게 흐른다. 산악에서 발원하여 바다에 이르는 강물의 흐름을 생각해 보라. 이 또한 우리 생의 모습이 아닌가. 강 상류의 빠르고 격한 흐름은 젊은 날의 열정과 방황을, 맴돌며 에돌아 흐르는 물길은 중년의 시련과 갈등을, 하류에 이르러 깊고 완만해진 흐름은 노년의 지혜와 넉넉함이지 않은가.

도인(道人)은 길을 가며 깨달은 사람이다. 강물이 바다에 이르듯, 우리도 가야 할 길을 걷다 보면 또 다른 넓은 세상을 만나게 될 것이다. 그게 생의 종착역일지라도 섭리로 받아들일 일이다. 그곳에 이르는 길은 안주나 방황이 아닌 순례의 길이다. 순례는 목표를 세우고 가야 할 방향을 향하여 먼 길을 걷는 여정이다. 고통이 따를지라도 가야 한다.

생을 밀고 가며 숙성시키는 힘은 안락이 아니라 고통이다.

순례 중 간이역을 만나리라. 간이역은 중간 거점일 뿐, 집착해서는 안 되는 유혹의 장소다. 그곳은 삶의 본질에서 벗어난 부수적이고 지엽적인 것들이 매복해 있는 곳이다. 잠시 머물지언정 오랫동안 안주해서는 안 된다. 지향하는 방향과 과정에 힘쓸 일이지 간이역에서 길게 한눈팔다 보면 눈빛이 흐려진다. 이는 강물이 가르쳐 준 삶의 지혜다.

될 수 있으면 혼자 가야 하리라. 하나 뜨거운 피와 붉은 영혼을 지닌 인간이 무소의 뿔처럼 혼자 가는 일이 어찌 쉬우랴. 기꺼운 순례를 위해서는 동행자가 있으면 더 좋으리라. 혼자 가는 것보다는 고단하지 않으며 시행착오를 줄여 줄 수 있을 테니까.

동행은 방황이나 나태를 경계한다. 강물이 무리와 어깨 맞대고 흐르는 것은 빗나가지 않기 위함이다. 행렬에서 벗어나면 길을 잃고 헤맬 수도 있다. 무리에서 이탈하면 미아가 되기 쉽다. 누군가 곁에서 동행해 준다면 흔흔한 여정이 되리라. 한데 누구와 함께 어떤 형태로 순례해야 할까. 이는 각자 선택해야 할 생의 몫이다. 어떤 길로 누구와 어떤 순례를 하는가에 따라 그 삶의 빛깔과 형태는 달라질 것이다.

강물 따라 묵상하며 천천히 걷는다. 무욕의 고요, 순명의 섭리, 생의 무량, 질곡의 너그러움으로 강물은 흐른다. 강물을 따라 걷자. 하늘로 머리를 두르고 땅 위에 발을 딛고 길을 통해 순례하자. 옷차림은 치장하거나 화려함을 뽐낼 필요가 없다. 기름진 음식을 배불리 먹지 못함을 서러워할 필요도 없다. 누옥에 거처한다고 기죽을 필요가 없으며 이를 생의 고통이라 여기지 말 일이다. 인생은 기쁨 몇 숟가락에 나머지는 고통의 그릇이 아니던가. 마지막 날, 누워서 생을 마감하기보다는 걷다가 스러져 길 위에서 생명을 소진할 수 있다면 더욱 좋으리라.

강물로 흐르고 싶다. 삶이 세월의 강물에 그물 치는 일이라면 이젠 더 낮은 곳을 향하여 그물을 드리우고 싶다. 낮게 살더라도 안락한 늪에는 빠지지 말자. 생이 고통과 시련의 연속일지라도 축연(祝宴)이라 여기는 순례자가 되기를 소망하자. 굽이굽이 긴 여정을 어떻게 흘러야 넓은 바다에 이르러 수평선으로 설 수 있는지 강물에 길을 묻는다. 낮은 곳을 향해 낮은 목소리로 흘러가는 강물에 그 길을 묻는다.

등[背]

담벼락을 낀 길로 접어든다. 산길로 통하는 골목이다. 오늘따라 한적한 길보다는 수척한 등에 더 눈길이 쏠린다. 늦가을, 담쟁이 줄기들이 담벼락에 앙상하게 말라붙어 있다. 한철 무성하던 담쟁이 잎들은 가뭇없이 자취를 감추고 담벼락의 등엔 찬바람만 스산하게 스친다. 푸른 추억을 되작이며 함묵하고 있는 걸까. 담벼락은 잎들을 제 등 너머로 보내고 나서야 마음이 놓였는지 몸 푼 산모처럼 할끔하다.

담쟁이 어린잎들이 처음 고개 들어 올려다보았을 때 담벼락은 절벽이었겠지. 그런 잎들에 새로운 세상을 보여주기 위해 벽은 돌아섰을 테고. 그리고 스스로 등(背)이 되어 거칠어졌으리라. 제 등이 거칠어질수록 어린잎들이 타고 오르기 쉬웠을 테니까. 그래도 잎들은 어찌 절벽 같은 등을 타고 오를 엄두를 낼 수 있었으랴. 벽이 손을 내밀지 않았다면 가당치도 않은 일이었겠지. 저 거친 등이 아니었던들 담쟁이 잎들은 담장 너머를 꿈이라도 꿀 수 있었겠는가.

하여 담쟁이 잎들은 제힘으로 벽을 기어올랐으리라는 생각은 하지 않는다. 애오라지 자신들을 키운 것은 거친 저 등이라는 것을, 등을 흔쾌히 내어주었기에 벽을 오를 수 있었다는 사실을 잊지 않는다. 오르다 힘에 부쳐 쩔쩔맬 때는 등불을 켜 들고 손뼉을 치며 다독이던 담벼락의 다순 손길과 눈길을 망각하지 않는다.

이럴진대 유정한 인간임에랴. 뙤약볕이 내리쬐는 길가를 걷다 만난 그 등이 아직도 눈에 솜솜하다. 신축 중인 공사장 앞, 서너 명의 일꾼들이 골조만 세운 계단 밑에서 새참을 먹는 중이었다. 먹을거리라야 김치와 두부 몇 모에 막걸리 서너 병이 전부였다. 쭈그려 앉은 한 뒷모습, 길가를 등진 늙수그레한 사내의 구부정한 등이 유독 눈에 파고들었다.

숭숭 구멍이 나고 구중중한 러닝셔츠 사이로 등이 보였

다. 검붉게 탄 거친 등이 그 구멍 사이로 드러난 것이었다. 저 등으로 그동안 얼마나 많은 질통을 짊어지고 휘청거리며 계단을 오르내렸을까. 그래도 등은 그에게 곤고한 생을 떠받드는 유일한 도구였으리라. 누구를 위하여 저 등은 무량한 짐을 져야 했을까. 등판에 낙인처럼 찍힌 질통의 어깨끈 자국, 그래도 등은 그에게 결곡한 생의 지렛대였으리라. 그동안 등 앞쪽 가슴에는 어떤 생각들이 헤집고 스쳐 지나갔을까. 어쩌면 등의 이편저편 모두 쓰리고 뜨겁기는 마찬가지였으리라. 저 등을 밟고 오른 이들은 등 너머에 있는 밝은 세상을 만났을까. 좀체 발길을 뗄 수도 눈길을 거둘 수도 없었다.

골목을 벗어나 산비탈을 오르며 담벼락과 그 사내의 등이 갈마든다. 그 살피로 아버지의 등이 파고든다. 아버지의 등에 업혀본 적이 딱 한 번 있었다. 유년 적, 동무들과 돌팔매질을 하며 놀다가 그만 동무가 던진 돌멩이에 맞고 말았다. 이마가 터져 피가 흐르는데, 어찌 알고 달려온 아버지는 동네를 급히 나섰다. 아버지는 피 흘리는 자식을 등에 둘러업고 땀을 뻘뻘 흘리며 읍내 병원을 향해 뛰고 뛰었다.

다행히 상처는 눈을 피해 큰 화는 면했지만 마냥 피를 흘렸다면, 바늘로 꿰매지 않았다면 지금쯤 이마에 큰 상처를 지닌 채 살았을는지 모른다. 지금도 이마에 난 희미한 상처를 볼 때마다 달리며 몰아쉬던 아버지의 숨소리가 귀에 쟁쟁하다. 아니 그보다 더 뜨겁던 아버지의 등이 생각나 그곳에 맞닿았던 가슴이 이내 더워 온다. 그날, 아버지는 어린 자식의 몸뚱이뿐만 아니라 푸른 꿈까지도 짊어지고 한껏 뛰었으리라.

이젠 그 아버지의 등을 볼 수가 없다. 그래, 그렇다. 등은 흔히 눈에 띄지도 않고, 쉽사리 바라볼 수가 없으며, 언젠가는 사라진다. 얼굴처럼 매만질 수도 가꿀 수도 없어 내버려두다시피 하는 곳이다. 그러기에 잊히기 쉽고 푸대접받기 일쑤다. 그래도 불평 한마디 없이 주변의 방패막이가 되고, 제 뼈를 감싸며 요긴하게 버팀목 구실을 한다. 눈길을 받지 못해도 제 소임을 톡톡히 하는 곳이 등이지 않은가.

산마루를 향해 오른다. 산 또한 돌아서서 묵묵히 등을

내주었기에 기꺼이 오르고 있다. 깎이고 패인 산의 거친 등이지만 제 소임을 톡톡히 하고 있다. 넘어지거나 무릎이 꺾이지 않도록 발목을 받치고 붙들어 준다. 담벼락과 산, 사내와 아버지의 등은 같은 이름이다. 마땅히 경배해야 할 숭고한 이름이 아닌가.

가쁜 숨을 고르기 위해 잠시 발길을 멈춘다. 저편에 서 있는 어린 굴참나무를 물끄러미 바라본다. 다시 눈길을 돌려 올라온 길을 바라보니 이제야 비로소 보인다. 앳된 굴참나무에 버팀목이 되어준 거친 등이 도렷하게 보인다. 한데 웬일인가, 산의 등을 오르는 내 등이 새삼 따가워지니 말이다. 시방 나는 누구에게 어떤 등이 되어주고 있는 것일까.

날개와 향기

허리를 곧추 세워 고쳐 앉는다. 텔레비전에서 <동물의 세계>를 방영하고 있는데, 해설자의 말이 귀에 솔깃하다. 거칠고 메마른 사막의 하늘을 유유히 선회하는 독수리 한 마리, 유연한 날개와 그 위용이 눈길을 붙잡는다. 독수리는 수명이 칠십 년쯤 된다 하니 동물의 세계에서는 장수하는 편이다. 그러나 생의 전환점에서 고통의 터널을 통과하지 않으면 그 수명은 사십 년으로 줄어든다고 한다.

삶의 한고비에서 발톱이 무뎌지고 부리는 가슴까지 닿을 만큼 길어지는 독수리. 새 생명을 얻기 위한 독수리의 고통은 긴 부리를 바위에 쪼아 부수는 것에서 시작된다. 부리가 깨지고 부서지면 새로운 부리가 나는데, 그 새 부리로 이번엔 무뎌진 발톱을 뽑는다. 발톱을 다 뽑아내면 또 다시 몸의 깃털을 모두 뽑는다. 그렇게 반년의 시간을 고통으로 보낸 독수리는 벼린 모습으로 새 생명을 얻게 된다. 독수리는 그렇게 낡은 것들을 사막에 버리고 털갈이를 하지 않으면 다시 힘차게 날아오를 수 없다. 새 생명을 얻으려면 낡은 생명을 죽여야 한다. 그것이 자연의 법칙이다. 그 꽃나무도 독수리처럼 거듭남을 위해 고통의 터널을 견뎌냈던 것일까.

지난해 그날, 엿새 동안 여행길에서 집으로 돌아온 시각은 가을 초저녁이었다. 아파트 철문을 따고 현관에 들어서는 순간 집안 공기가 낯설었다. 웬일인지 서먹하고 익숙지가 않았다. 20여 년 동안 영육(靈肉)을 담고 살아온 집인데, 이 무슨 생뚱맞은 느낌이란 말인가. 우편함엔 여전히 편지들이 꽂혀 있고, 현관에 놓인 신발들과 벽에 걸린 그림 몇 점, 그리고 거실 탁자 위에는 읽다 접어둔 몇 권의 책도 그대로인데 말이다. 그런데도 낯설게 느껴지는 까닭을 알 수가 없었다.

쌓였던 피곤함이 몰려와 여행 가방을 구석에 밀쳐두고

그대로 누워 잠이 들고 말았다. 까닭 모르게 스멀거리는 의식 때문이었을까. 잠에서 깼다. 시계를 보니 새벽 두 시, 갈증이 났다. 물을 마시려고 주방 쪽으로 발을 옮기는데 웬 향기가 코끝에 스며들어 간질였다. 이것이었을까. 이 낯선 향기가 잠 속에 든 나를 흔들어 깨웠을까. 물을 마신 후 명료해진 의식이 콧속 깊이 향기를 끌어들였나 보다. 곰삭고 무르익은 사과향도 같고 이름 모를 향수 냄새 같기도 했다. 혹여 꽃향기일까. 불을 켜고 거실 이곳저곳을 킁킁대며 둘러보았다. 거실과 방 안엔 화초가 없기에 앞 베란다 창문을 열고 눈여겨 살펴봐도 어디서 향기가 풍기는지 찾을 수가 없었다.

향기의 진원지를 알아낸 것은 다음 날 저녁 무렵이었다. 다시 시작된 일상에 쫓겨 잊고 있다가 퇴근해 집안에 들어서는데 그 향기가 다시 옅게 풍겨왔다. 저녁을 먹고 나서 작정하고 집 구석구석을 다시 뒤져 보았다. 장롱 밑과 주방 귀퉁이까지 샅샅이 살피고 들춰 보았다. 향수병이라도 엎질러져 있거나, 먹다 남은 사과가 구석에 놓여 있는지도 모른다는 생각이 갈수록 들었기 때문이었다. 그러다가 베란다 쪽으로 발걸음을 옮겼다. 그쪽으로 다가갈수록 향기가 더 짙음이 감지됐다. 그렇다면 분명히 이쪽이다. 꽃만 향기를 지니란 법은 없는 일, 하나하나 찬찬이 살펴보았다. 이곳저곳 흔들어보고 들쑤셔보다가 마침내 눈길이 머문 곳은 유리 창문이었다. 차광도 할 겸 나팔꽃 줄기가 타오르기 쉽도록 쳐두었던 갈대발이 눈에 들어왔다. 발 뒤로 얼핏 우련하게 어른거리는 게 눈에 띄었다. 봄과 여름을 나며 줄기를 뻗고 꽃을 피우던 나팔꽃의 잿빛 잔해만 어지럽게 남아있는 그곳이 향기의 진원지였다. 조심스럽게 발을 들추었다.

이런 세상에! 잿빛 줄기와 마른 잎에 가려 보이지 않았는데, 발 뒤 음지에서 올망졸망 꽃숭어리를 허옇게 피워 꽃물결을 이루다니. 한줄기의 우꾼한 기운이 등줄기를 관통하며 메마른 정신을 화들짝 흔들어 깨웠다. 그즈음 거름은커녕 물 한 초롱도 마음먹고 부어 준 기억조차 아슴아슴했다. 더구나 집을 비운 그 며칠 동안 어둠 속에서 혼자 꽃을 피워냈난 말인가. 낮엔 접고 있다가 밤이 되면 꽃을 열어 향기를 피우는 야화(夜花)라더니 그랬던 모양이었다. 미안하다, 미안하다. 혼자 연방 되뇌었다. 생사의 전환점에서 컴컴하고 외진 고통의 터널을 뚫고 꽃을 피워냈던 것이다. 꽃의 자태는 고아했지만 잎과 줄기는 용을 쓰며 혼자 아이를 낳은 여인처럼 수척했다.

이십여 년 전, 아파트로 이사 온 후 거실 한구석이 허전해 사들인 행운목이었다. 앉아서 덤으로 행운을 얻어 보자는 심사는 아니었다. 꽃집 앞을 지나치다가 거침없는 자란 줄기와 넉넉하고 푸른 잎사귀가 마음을 끌었을 뿐이었다. 하여 십수 년 동안 때맞춰 물을 주며 마음을 들였건만, 어느 때부턴가 차츰 싫증이 나더니 결국 관심에서 벗어나기 시작했다. 허구한 세월 동안 꽃이 피길 하나 열매를 맺기를 하나, 그러더니 마른 수숫대처럼 줄기가 시들머들해 생명이 다했지 싶었다. 하긴 그 세월이 흘렀으니 그럴 만도 했다. 마침내 천덕꾸러기가 되어 베란다 한쪽 창가로 밀려나고 말았다. 한데 생존의 안간힘이었을까. 그 모습으로 어둠 속에서 산고를 치르고 꽃을 피워낸 것이다.

행운을 가져다주는 나무라 했던가. 꽃을 보고 있으려니 가슴이 먹먹하고 혼란스러웠다. 행운이 이렇게 오는 것인지, 저렇게 더디 오는 것인지, 이리도 가까운 곳에 있었는지, 저리도 외진 곳에 숨어 있었는지 하는 별별 생각 쉽사리 다가서질 못하고 우두망찰할 뿐이었다. 차츰 관심이 회복돼 다시 틈만 나면 눈길을 보내고 들여다보기 일쑤였다. 한번 핀 꽃은 낮에 접으면 다시 피지 않았다. 꽃망울이 많아서 십여 일을 피고 지고를 거듭했다. 귀하다는 꽃을 보게 되었으니 언감생심 이도 행운이라면 행운이었다. 그러나 행운은 앉아서 기다리는 자보다는 고난을 극복하려는 용기를 갖고 걷는 자에게 다가오는 성취가 아니겠는가.

사막의 독수리와 갈대발 뒤편의 행운목은 분명히 새 생명이다. 독수리의 위용과 행운목의 자태가 갈마들어 피돌기를 타고 흐른다. 꽃과 향기는 내게 행운을 주려는 게 아니라, 삶의 한고비에서 새 생명을 일구기 위해서는 무엇을 어떻게 준비해야 하는지를 가르쳐 준 셈이다. 무엇을 뽑아내고 어떻게 세월을 견뎌야 저처럼 거듭날 수 있을까. 날개와 향기를 위하여, 스스로 생의 미욱한 더께를 자꾸 곱씹어 본다.

꽃과 사내 그리고 나무새

궁리 끝에 하냥 바라보기로 했다.

지난겨울, 지인이 꽃 이름까지 곁들인 난분을 집으로 보내왔다. 거실 모서리 탁자에 올려놓고 우정에 보답도 할 겸 틈나는 대로 바라보며 눈정을 나누곤 했다. 꽃차례가 가지런하고 꽃숭어리가 수련하여 완상하는 눈맛이 소쇄하기 그지없었다. 해동(解凍) 후엔 볕과 통풍을 생각해 거처를 앞 베란다로 옮겨주었다. 화초에 손방인 내게 와서 겨울과 봄을 나고 여름을 맞이하는 지금까지 잎과 줄기가 무탈한 것을 보면, 내 눈길과 보살핌이 쓸모없지는 않았나 보다.

한데 참 이상한 일이다. 두 뼘쯤 되는 세 개의 꽃대에서 갓맑은 자태를 뽐내던 꽃들은 이울어 하롱하롱 졌건만,

가장 긴 꽃대 끝 꽃자루에서 핀 꽃송이 하나는 지금껏 줄기차게 매달려 있다. 벌써 두 철을 넘기고 있지 않은가. 처음엔 신기하고 기특하기도 했는데 이즘은 외려 마음이 흔들린다. 때가 되면 낙화하는 게 그들의 생리이거늘, 저토록 오래 피어 있다는 게 마음에 걸리기도 하고 거슬리기도 하였다. 혹시 석고처럼 굳어진 것은 아닐까, 꽃자루에 매달린 채 박제가 되어버린 것은 아닌지 하는 노파심조차 들어 다가가 눈여겨보았지만 별 이상이 없다. 흰 꽃잎은 물론이거니와 메마르긴 했지만 꽃자루 또한 올곧았기 때문이다.

까닭 모를 노파심에 꽃송이를 그만 똑 따버릴까 하는 생각조차 들었다. 하나 그럴 수는 없는 일, 그냥 두고 보기로 했다. 산등성마루를 묵연히 바라보다가 낙화의 때를 놓쳐버린 것은 아닐까. 아니면 철을 이겨내고 머물러서 이루고자 하는 어떤 간절함이 있는지도 모를 일이다. 이런 내 속내를 아는지 모르는지 꽃은 고개를 약간 뒤로 젖히고 먼 산등성마루에 시선을 맞춘 채 흐트러짐이 없이 도저하다.

꽃을 보노라면 그 사내의 모습이 갈마든다. 꽃과 사내는 닮았다. 그 사내는 산등성이 아니라 하늘을 바라보고 있는 게 다를 뿐이다. 사내를 처음 발견한 것은 달포 전 산책길에서다. 그즈음 마을 사람들 사이에 사내는 이야깃거리였다. 사내는 해뜰참부터 해물녘까지 햇볕 아래서 고개를 뒤로 젖혀 하늘을 바라보고 있기 때문이었다. 사십 전후, 그는 산자락을 끼고 있는 저수지 둑에 앉거나 서 있었다. 그날, 나 또한 그를 처음 보았지만 심상치가 않아 보였다. 얼굴은 볕에 그을렸으며 고집스레 보이는 검정색 굵은 테 안경을 끼고 있었다.

궁금했다. 며칠 후, 산책 중에 또 사내를 볼 수 있었다. 걸음을 멈추고 유심히 바라보았다. 표정은 새무룩했지만 허우대는 멀쩡한 사내였다. 인기척에도 개의치 않고 그 자리에 붙박인 채 허공에 눈길을 던지고 있을 뿐이었다. 입성은 검정 바지에 흰 점퍼 차림이었는데 점퍼 곳곳에는 때로 얼룩져 있었다. 그가 누군지 아는 사람이 없었다. 정신 나간 사람 같다고 하기도 하고, 마약을 한 사람 같으니 신고해야 되지 않겠느냐고 수군거리기까지 했다.

사내를 만난 지 열흘쯤 되던 날이었다. 저수지 둑길에서 그의 곁을 또 스쳐 지나가게 되었다. 불을 붙이지 않은 담배가 손가락 사이에 끼어 있었다. 그리고 왼손엔 종이컵까지 들려 있었다. 소주잔인지 커피잔인지 알 수가 없었다. 여전히 눈길은 하늘을 향하고 있었다. 한데 그날따라 사내의 얼굴엔 미소가 희미하게 번져 있었다. 도대체 무엇을 바라보고 서 있는 것일까. 나도 무심코 그의 눈길을 좇았다. 허공엔 산새 몇 마리 저편 솔수평으로 날아가고, 몇 점 구름이 흐를 뿐이었다. 몇 발짝 걷다가 등 돌려 다시 고개를 젖혀 하늘을 바라보았다.

아! 저게 뭐야. 걸음을 멈추고 허공을 찬찬이 바라보았다. 구름발치에 무언가 눈에 잡혔다. 낮달이었다. 낮달이 저편 하늘가에 우련하게 떠 있었다. 흔치 않은 낮달, 사내는 그걸 보고 새무룩했던 얼굴이 저리 펴졌을까. 흐르는 구름, 날아가는 새, 달려가는 바람도 낮달 곁에 있었다. 허공에서 무언가 새로운 것을 발견하면, 그때마다 침을 삼키고 콧마루를 옴씰거리며 눈빛이 반짝였을 것만 같다. 하여 입초리에 미소까지 찾아들었는지도 모른다. 나도 낮달을 발견한 사내와 같은 눈빛이 된 적이 있다.

연전, 노을 지는 섬진강변 마을 어귀에서 마주친 허공의 새 한 마리가 내 눈길과 발길을 붙잡았다. 우주목(木)과 목조(木鳥), 바람 불면 긴 장대 위에서 강 건너 앞산 자락을 타고 훨훨 날아오를 것만 같은, 허공에 떠서 바람 앞에 앉아 있는 나무새였다. 그 나무새는 허공에 떠 바람 속에 있기에 외려 더 자유로웠는지도 모른다. 꽃 속에서 사내를 보고, 사내의 그 눈길에서 내 속뜰을 본 것일까.

이울어 지지 않는 꽃송이를 따내 버리려던 내 마음을 외려 따버린다. 먼 산등성이 조금이라도 더 가깝도록 한 송이 꽃을 떠받들고 있는 난분을 유리창가로 바투 밀어준다. 이젠 꽃이 스스로 질 때까지 이슥토록 바라볼 참이다. 제 꽃철이 지나도 지지 않는 꽃, 낮달 보고 미소 짓는 사내, 그 곁에서 나도 나무새가 되려는가.

뿌리의 은유

이슥한 밤, 생명이 에너지를 충전하여 키를 한 뼘씩 키우는 시각이다. 어둠은 밝을 때 일어났던 일들을 밤에 다시 펼쳐 놓고 그 사유의 뜰로 손목을 잡아 이끈다.

그날, 미동도 하지 않은 채 서 있던 왜가리 한 마리. 먹이를 잡기 위한 모습이 아니었다. 두 발목을 강물에 서려두고 먼 곳을 응시하고 있었다. 흰색 몸통에 가슴과 옆구리에 난 회색 세로줄 무늬가 신비스러웠다. 물살은 왜가리의 발목을 하염없이 적시며 흘렀다. 강물 밖으로 삐죽 내민 바위나 주변 땅에 날개를 접으면 되련만 왜 강물 속에 발목을 담그고 있는 것일까. 강가에 서식하는 수초식물처럼 발은 강물 속에 두고 몸체는 밖으로 내민 형국이었다.

달포 전, 섬진강 변을 지나다 눈에 잡힌 한 풍경이다. 왜가리의 몸통보다는 흐르는 강물 속에 담그고 있는 두 발이 더 궁금하기만 했다. 불현듯 두 발이 왜가리의 뿌리로 여겨졌기 때문이다. 왜가리는 땅속에 내릴 수 있는 뿌리가 없어 두 발을 강물 속에라도 내린 것일까. 날개를 가진 왜가리의 삶의 터전은 하늘일까 땅일까 강물일까.

왜가리에 대한 생각을 품은 채 지리산 기슭으로 향했다. 피아골 계곡을 한참 오르다 보면 길이 끊어진 곳에 철판으로 이어 놓은 다리가 있다. 그 철다리 중간쯤, 오른편 계곡 쪽으로 몸을 눕힌 나무 한 그루가 눈에 띄었다. 뿌리 내린 땅속에도 양분과 수분이 있으련만 무슨 영문인지 다른 나무들과는 달리 10여 미터 떨어진 계곡 쪽으로 몸을 45도쯤 기울이고 있었다. 바소꼴의 잎에 나무껍질은 코르크층이 두껍게 발달하여 깊이 갈라진 우람하고 키 큰 굴참나무였다. 계곡에 흐르는 맑은 물을 기웃거린 것일까.

언제부턴가 동물보다 식물에 더 마음이 쏠린다. 식물 가운데서도 나무에 더 눈길이 머문다. 나무는 지상에서 기품 있는 생물 중의 하나다. 지표에 뿌리를 굳건히 내리고 하늘을 향해 두 팔을 펼친 모습은 꿈을 꾸는 자의 형상이다. 나무는 다른 어떤 생명도 포식하지 않고 자급자족해 살아가는 생산자다. 어쩌다 사람의 손에 붙들려 거처를 옮길지라도 하늘을 향한 묵도의 자세는 변함이 없다. 비바람이 몰아쳐 뒤흔들릴지라도 애오라지 머리 위를 지향할 뿐이다. 넘어지거나 뽑히지 않고 삶을 지탱할 수 있는 것은 깊은 뿌리 때문이다.

나무는 먹이를 구하고자 주변을 맴돌지 않는다. 한번 뿌리를 내리면 하늘이 준 햇볕과 땅이 준 물로 목숨을 일군다. 바람 속의 먼지 같은 것들은 다 뿌리치고 변치 않는 하늘과 땅에 기대어 생을 질박하게 꾸려 간다. 산짐승처럼 정처 없이 거친 숲을 싸다니며 터무니없이 탐욕을 부리지 않는다. 사람의 집에 안주하며 주인이 던져주는 밥이나 축내면서 아양 떠는 애완 강아지하고는 사뭇 다르다.

나무가 한곳에 붙박여 있어도 잎을 틔우고 꽃을 피우며 열매를 맺을 수 있는 것은 뿌리가 있기 때문이다. 하늘을 향하여 올곧은 삶을 일굴 수 있는 것은 이처럼 그만한 믿음이 있다. 가뭄이 들어도 태풍이 몰아쳐도 버틸 수 있는 것은 뿌리가 있기에 가능하다. 그 때문에 나무는 뿌리를 소중히 여겨 땅속 깊이 뿌리 내리기를 게을리하지 않는다. 나무는 땅에 영양분이 많을 때 이곳저곳에 잔뿌리를 많이 뻗어 만들어 놓았다가 가물거나 땅이 척박해졌을 때 뿌리를 태워 영양분으로 삼는다. 그러기에 건목(建木)은 깊고 많은 뿌리를 지닌다.

얼마 전 들바람을 쐬고 싶어 한적한 근교로 나간 적이 있다. 길가에 여린 채송화 싹이 보이기에 몇 포기 뽑아다가 집에 있는 빈 화분에 옮겨 심고 살폈다. 처음엔 예닐곱 포기였는데 두 포기만 살아남고 나머지는 시들머들하고 말았다. 들길에 그냥 둘 걸 하고 후회도 들었지만 이미 때는 늦었다. 시들어버린 채송화들은 달라진 환경에서 뿌리내리지 못했을 터다. 대신 살아난 채송화에 마음 들여 물을 주고 틈나는 대로 눈길을 주었더니 뿌리가 잘 내렸는지 등뼈를 세우고 손가락 두 마디쯤 크기로 머리를 들었다.

낮 동안 억압되었던 우주의 무의식이 만개하는 이 시각, 깊어가는 밤과 함께 생각도 깊어간다. 산기슭의 굴참나무,

강가의 왜가리, 베란다의 채송화가 갈마들어 눈에 암암하다. 뿌리는 각다분한 일상에서 사유하지 않고서는 뛰어넘을 수 없는 녹색 지대다. 이 밤, 존재를 키우고 버티게 해주는 뿌리는 어느 현자의 전언이요 잠언의 한 구절 같다.

그들의 뿌리는 햇빛과 공기를 등진 채 땅속 물속, 어둠과 진탕 속에서 존재의 성장을 위해 그 얼마나 많은 밤을 불면으로 뒤척였을까. 그 어둠과 고통이 있었기에 땅 위에서는 밝음과 환희, 생명과 열매가 존재할 수 있었으리라.

산행길에 마음을 붙잡고 놓지 않았던 것은 뜻밖에도 뿌리였다. 손으로 빈약한 가슴을 쓸어본다. 가슴은 영혼의 집이며 인간의 뿌리다. 시방 어디에 뿌리를 내리고 살아가는 것일까. 나는―.

귀를 기울여 보라

"딱 아빠만 생각해!"

이 무슨 생돌아진 소리인가. 그 자리에 우뚝 서고 말았습니다. 지하상가엔 잰 발걸음소리와 소란한 말소리, 어디선가 흘러나온 노랫소리와 알 수 없는 소리들로 북새를 이루고 있었습니다.

주변을 두리번거렸습니다. 걷던 발걸음을 멈추게 한 말의 출처는 뒤쪽 빵집 앞에 있었습니다. 소녀가 말소리의 주인공이라고 여긴 것은 직감이었습니다. 노란 티셔츠를 입은 앳된 소녀의 손엔 빵이 들려 있었습니다. 그 곁엔 아빠인 듯한 중년 남자가 서 있었고요. 두 사람은 무어라 말을 주고받았지만 더는 들려오지 않았습니다. 아마 빵을 사면서 딸이 목청을 조금 높였던 모양입니다. 아빠가 어땠는데, 무슨 말을 했기에 딸이 무람없이 목청을 높였는지 알 수 없었습니다.

아빠의 손엔 포장상자가, 딸의 손엔 우유식빵이 들려 있었습니다. 딸이 빵을 사는 데 아빠가 무슨 참견을 했던 걸까요. 아니면 빵집에 오기 전부터 무슨 견해차가 있었는지도 모릅니다. 어쩌면 전혀 그런 것과 거리가 먼 데, 그렇게 귀에 들렸는지도 모를 일이고요. 하나 어떤 이유로 무슨 말을 했든 상관없습니다. 그 말이 귀에 파고들어 발걸음을 멈추게 했다는 게 더 중요했으니까요.

부녀는 포장상자와 빵을 각기 든 채 내 곁을 스쳐 지나갔습니다. 멈추었던 발길을 옮기며 그들 뒤를 따랐습니다. 가는 방향이 같았으니까요. 왜 발걸음을 멈추게 하였는지 처음엔 알지를 못했습니다. 한데 몇 걸음 걷다가 불현듯, 어느 수도승의 말이 용수철처럼 튀어 오르지 뭡니까.

'복작대는 데서 세상의 소리에 귀를 기울여 보라, 무슨 소리가 가장 크게 들리는지를. 들리면 그 소리를 화두 삼아 붙들고 곰곰 묵상해 보라, 뜻밖에 삶의 이치나 깨달음을 얻게 될 것이니까.'

이후 가끔 시내버스에서, 시장거리에서, 백화점에서, 상갓집에서, 결혼식장에서, 복닥대는 길거리에서 귀를 기울인 적이 있었습니다. 하나 온갖 소리가 뒤범벅되어 스쳐지나갈 뿐, 어떤 소리도 귓속에 뚜렷이 담기지 않았습니다. 애써 귀를 기울였기 때문이었을까요, 아니면 마음 부족 때문이었을까요. 그 후 관심을 놓고 살다가 서서히 잊히고 말았습니다. 한데 오늘 지하상가를 걷다가 소녀의 그 말소리가 뜬금없이 귀청을 파고들며 발목을 붙들지 뭡니까.

지하에서 지상으로 올라가기 위해 계단을 오르는데 계단 중간쯤에 그들이 다시 눈에 띄었습니다. 소녀의 노란 티셔츠가 눈에 들어왔던 것입니다. 아빠는 딸보다 세 계단쯤 위에서 딸이 올라오기를 기다리고 있었고요. 서너 발치 앞에서 발길을 또 멈췄습니다. 아까는 뒤에서 들려온 소리에, 이번은 앞에 보인 광경에 발길이 멈춘 것입니다. 딸은 쭈그려 앉아 있는 구중중한 걸인 앞에 서 있었습니다. 이미 걸인의 손엔 우유식빵 한 덩이가 들려 있었고요. 자기 빵을 쪼개 걸인에게 준 모양이었습니다. 그것도 귀퉁이 조금을 떼서가 아니라 절반을 뚝 끊어서 말입니다.

소녀가 빵과 함께 무슨 말을 건네었는지 걸인의 얼굴엔 다순 온기가 돌았습니다. 적어도 제 눈엔 그렇게 보였습니다. 빵 한 덩이로 어찌 주린 배를 채울 수가 있겠습니까. 하나 빵을 근심하는 자는 온기 묻은 빵 한 덩이만으로도 큰 위안과 힘을 얻을 수 있는 모양입니다. 계단을 오르내리는 행인들이 그 광경을 흘끔거렸습니다. 바쁜 걸음으로 또는 느릿하게 스쳐 지나가며 말입니다. 몇 계단 위의 아빠도 딸을 내려다보고 있었고요.

아빠가 들고 있는 포장상자 안엔 과연 무엇이 들어 있었을까요. 빵집에 오기 전 다른 데서 산 물건인 듯싶었습니다. 그게 내처 궁금하기도 했지만 그보다 차츰 부끄러움이 밀려오기 시작했습니다. 좀 전 '딱 아빠만 생각해!', 하던 소녀의 그 말이 머릿속을 지나 가슴께로 서서히 흘러들었기 때문입니다. 아까 아빠가 어쨌는지 궁금하기도 하지만, 소녀의 앵돌아진 그 말을 들어야 할 사람이 어찌 아빠뿐이었겠습니까.

부모가 자식에게, 선생이 제자에게, 연장자가 연소자에

게, 배움이 많은 이가 적은 이에게, 부자가 가난한 자에게 꼭 삶의 본이 되는 것은 아닌 모양입니다. 그 앳된 소녀의 행동이 오가는 사람들에게 어떤 생각을 하게 하였을까요. 지하와 지상의 중간 계단에서 식빵 한 덩이를 소녀와 늙숙한 걸인이 주고받는 모습을 보면서요. 생각하면 신기할 것도 새로울 것도 없는 지극히 정상적이고 상식적인 모습인데도 말입니다.

잔돈이 없다는 핑계로, 뭇시선이 마뜩잖고 어색하다는 이유로, 걸인에게 돈을 주는 것은 그를 평생 거지로 만드는 일이라는 누군가의 그럴싸한 말에 기대 자신을 합리화하는 주위 사람들을 부끄럽게 하기에 충분했습니다. 소녀는 팔랑팔랑 노란 나비처럼 계단을 뛰어 올라갔습니다. 지하에서 계단을 딛고 더 밝은 지상으로 올라가는 소녀의 뒷모습을 바라보며 우두커니 서 있었습니다. 아직도 귓전에 맴도는 그 말의 갈피를 되작이면서 말입니다.

밥 짓는 일

도마에서 사삭사각 무채 써는 소리, 양푼에서 주물럭주물럭 나물 무치는 소리, 흐르는 물에 솨솨 상추 씻는 소리, 뚝배기에서 보글보글 찌개 끓는 소리, 솥에서 설설 밥 익는 소리. 이 소리들은 생명의 증거이며 가슴을 데우고 목숨을 잇게 하는 음향이다. 먹기도 전에 뱃속을 훈훈하게 하는 감미로운 음(音)이다. 언제부턴지 이런 음향이 들려오면 하던 일을 멈추고 그쪽으로 귀를 바싹 세우곤 한다.

그날 해질 무렵도 그랬다. 부엌에서 저녁을 준비하는지 도마에 칼질하는 소리가 들려왔다. 그 음향은 묘한 울림으로 다가와 귀청에 아련히 짖어들었다. 하던 일을 멈추고 아내 곁을 기웃거리며 맴돌다가 전부터 벼르던 말을 끄집

어냈다. 음식 만드는 법을 몇 가지 배우겠노라고. 뜻밖에 반응은 심드렁했다. 아내는 칼질을 멈추고 나를 빤히 바라보더니 무슨 봉창 두드리는 소리냐는 듯 뜨악한 표정이다. 실없는 소리 말고 집안일이나 좀 거들어 달라고 한다. 하긴 그런 말을 들을 법도 하다. 벽에 못 하나 제대로 쳐준 적이 없고, 청소기 한 번 변변히 돌릴 줄 모르는 위인이 뜬금없이 그런 말을 불쑥 꺼냈으니까.

때마침 기회가 왔다. 아내는 시방 장기 출타 중이다. 동호인들과 어울려 풍경 구경을 가겠다며 외국 여행 의사를 타진하기에 동의했다. 애들은 다 커서 각기 외지로 나가 있고, 단둘이 살아온 지 꽤 된 터라 특별히 거리낄 것도 없다. 불편함이야 다소 있겠지만 외려 얼마간 혼자 뒹굴며 살아보는 맛도 괜찮을 성싶었다. 이참에 혼자 밥을 짓고 국과 반찬을 만들어 볼 요량이다.

반찬이야 냉장고에 몇 가지 마련해 두고 갔지만, 밥통에 지어놓은 밥은 이제 바닥이 났다. 스스로 밥을 지어 먹어야 할 때가 왔다. 그동안 아내가 음식을 만드는 기미가 보이면 묻거나 넘성거리며 대충이라도 배워둔 게 다행이지 싶다. 장년의 나이에 무슨 궁상맞은 짓이냐고 눈총 받을 일인지도 모르겠다. 더구나 어머니께서 살아 계셨다면 분명 된통 꾸중하셨을 것이다. 그러나 어쩌랴.

먼저 밥을 지어 본다. 밥이야 전기밥솥이니 쌀을 씻어서 붓고 손등에까지 물이 찰랑대게 맞춰 스위치를 누르면 그만이지만 국이 문제다. 된장국을 끓여보기로 한다. 즐기는 국인데다 조리가 쉽다고 여겨졌기 때문이다. 맹물을 뚝배기에 받는다. 맛국물을 내는 큰 멸치와 다시마를 넣고 끓인다. 물이 끓기 시작하자 다시마를 건져 낸다. 된장을 체에 담아서 끓는 국물을 끼얹어 가며 살살 내린다. 이렇게 해야 된장에 들어 있는 콩 건더기가 안 들어가서 깔끔해진다고 했다. 그리고 감자를 뚝뚝 썰어 넣는다. 된장이 짜니까 간을 칠 필요는 없다. 국물이 바글바글 끓자 큰 멸치는 건져낸다. 여기에 청양고추를 숭숭 썰어 넣고 고춧가루를 살짝 치고 파하고 다진 마늘을 조금 넣는다. 마늘을 많이 넣으면 맛이 씁쓸해진다고 했다. 마지막으로 두부를 잘라 넣는다. 그리고 한 번 더 부르르 끓인다. 드디어 완성이다. 조금 싱겁지만 그래도 맛이 구뜰하다. 반찬은 고사하고 국을 끓이기조차 만만치가 않다.

물이 많았는지 밥은 약간 질지만 그런대로 먹을 만하다. 혼자 밥을 씹어 넘기며 곰곰 생각해 본다. 장년이 되도록 이제껏 곁에서 해준 음식만 먹고 살아왔다는 게 여간 미안하지 않다. 예전엔 어머니가 해 준 밥을, 결혼 후엔 아내가 해 준 밥을, 때론 밖에서 외식이라며 식당에서 해 준 밥을 사 먹으며 살아왔다. 생명을 유지하기 위해 평생 먹어야 할 밥을 스스로 지어 본 적이 거의 없다는 게 짓쩍기만 하다.

남정네가 부엌에서 알짱거리는 꼴은 남우세스러운 일이라는 어머니의 가르침과 타박에 길든 탓도 있다. 그렇다고 생명을 잇는 밥을 끓이는 일을 이제껏 주변에 의존해왔다는 것은 잘한 일은 아니지 싶다. 그 밥을 끓이는 재료를 구하기 위해 동분서주하지 않았느냐고 항변할 수도 있겠지만 손수 지어먹는 정성과 수고에 어찌 비견하랴. 음식을 먹는 일은 본능 중에서도 상위다. 살과 피를 만드는 밥, 목숨을 잇는 밥을 짓는 일은 매우 소중하다.

다음 끼니엔 콩나물국을 끓여 볼 작정이다. 오이소박이

나 김치처럼 공력이 들어가는 반찬은 아직은 엄두가 나지 않지만 이도 차츰 배워둬야겠다. 다른 이에게 의탁하지 않고 온전히 독립적 자아가 되기 위해서는 스스로 먹이를 해결할 일이다. 먹이를 남에게 의지하지 않고 스스로 해결하는 일은 독립된 삶의 첫걸음이다. 이는 제 목숨을 잇는 것을 넘어서 스스로 삶을 짓는 일이다.

음식을 만들어 남에게 먹이는 것처럼 복 받을 일이 또 있을까 싶다. 가족들을 위하여 날마다 세끼 밥을 짓는 사람의 모습은 아름답다. 뿐이랴. 주린 배를 다순 밥으로 채워 주는 자야말로 참으로 이웃을 사랑하고 기쁨을 주는 사람이다. 한데 이웃을 위해 밥을 짓기는커녕 제 생명을 위해서도 이제껏 손수 밥을 짓지 않은 나 자신이 스스럽다. 지은 밥을 꿀꺽 목구멍으로 넘기며 이제야 이런 생각을 하고 있는 난 늦어도 참 늦되다.

2.

바람의 길

어렵게 간벌을 끝내고 뒤쪽을 돌아보자 대숲
안이 환하게 밝아왔고 바람의 길이
만들어졌습니다. 뒷산 골짝을 타고 흐르던 바람이
대숲을 스치며 들어왔습니다.

경계(境界)에 서서

밤이 이슥하건만 눈 붙일 기색들이 보이질 않는다. 손전화로 누구와 통화하며 잡지를 건성으로 넘기는 사람, 맥주를 홀짝이며 발코니 난간에 기대어 담배를 피우는 이, 영수증을 늘어놓고 고개를 갸우뚱하며 돈을 헤아리는 자 등 제각각이다. 탁자 위엔 기름진 음식과 술이 놓여 있고, 텔레비전에선 집값이 터무니없다며 이구동성으로 핏대를 올리고 있다. 하나 아랑곳없이 덕유산 무주구천동의 밤은 그렇게 깊어만 간다.

발코니에 있던 이가 창문을 열고 들어오는데, 얼핏 거무스름한 게 눈에 스친다. 거실에서 새어 나간 불빛에 물체가 눈에 어른거린 게다. 짚이는 데가 있어 창문을 열고 발코니로 나간다. 마주친 것은 달빛 속에 우뚝 서 있는 한 그루 소나무다. 수관(樹冠)이 눈높이에 떠 있다. 숙소가 4층이니 나무의 키는 십여 미터는 족히 넘을 듯하다.

이곳에 처음 도착한 땐 주위를 눈여겨볼 겨를이 없었다. 사방은 온통 녹음으로 푸르러 눈은 분별력을 잃고, 골짝을 울리는 매미 소리로 귀는 먹먹하기만 했다. 가져온 짐들을 옮기기 위해 숙소를 오르내리다 보니 그 나무가 차츰 눈에 들어오기 시작한 것이다. 몸피가 힌 아름이나 되는, 나무껍질이 불그죽죽한 나무였다. 그러나 그저 흔한 한 그루 나무이겠거니 하고 별 관심 없이 지나치고 말았다.

석양 무렵, 주변 산책길에 나섰다가 그 나무가 다시 눈에 띄었다. 높이 치솟은 키 때문이었을까. 황톳빛 나무껍질을 따라 윗부분까지 쳐다보게 되었는데 그때야 키가 큰 적송(赤松)임을 알았다. 둥치가 굳건하고 줄기는 구새 먹은 데가 없이 옹골차며 수형은 당당하고 끌밋했다. 쭉 뻗어 오르다가 윗부분에서 약간 굽었는데 대여섯 개의 잔솔가지가 춤을 추듯 넉넉하게 펼쳐져 있었다. 모시 진솔을 입고 한껏 멋 부린 한량 같기도 하고, 쾌자 자락 날리며 너

울춤을 추는 풍류객 같기도 했다.

나무의 머리 격인 수관은 키가 훤칠한 헌헌장부가 삿갓을 쓰고 있는 형상이었다. 장솔가지들은 서로 적당한 간격과 질서를 유지하고 있으며 솔잎들은 서로 나란히 키를 맞춰 하늘을 향했다. 햇빛을 더 많이 받으려 가지들이 욕심부려 다투었다면 저렇게 정제된 형상을 만들어내지는 못하였으리라. 석양에 젖은 그 장솔가지 사이로 박새 두어 마리 춤을 추며 오르내리는 풍경이 한껏 고졸했다. 한참 동안 눈길을 거둘 수가 없으며 발걸음을 뗄 수가 없었다.

깊은 밤, 그 적송의 수관을 발코니에서 다시 마주하고 있다. 아니, 이쪽과 저쪽의 살피에서 양쪽을 번갈아 보고 있다. 건넌방에 있던 다른 일행들이 이쪽 거실로 모여든 모양이다. 다시 거실은 소란스러워진다. 이쪽은 화사하고 밝은 불빛이지만, 저쪽은 푸르스름하고 적요한 달빛이다. 이쪽은 먹이와 놀이가 흥성하지만, 저쪽은 달빛과 안개에 젖어 있는 가년스런 침묵이다. 왠지 오늘 밤은 달빛 속의 침묵 쪽으로 마음이 더 쏠린다. 가장 깊은 감정은 침묵 가운데 있질 않던가. 저 깊은 침묵에 들기 위해 적송은 달안개 속에서 얼마만큼 침잠과 혹독한 다스림이 필요했을까. 범접하기 어려운 결곡한 기운이 수관 주위에 감돈다.

어둠에 적응돼 눈이 차츰 밝아 온다. 달빛 속에서 바라본 적송의 수관은 투명하고 침착하다. 땅에서 고개 들어 바라볼 때와는 사뭇 다른 느낌이다. 애오라지 하늘과 땅, 햇살과 산바람이 빚어낸 향맑은 모습이다. 유장하고 가락진 한 편의 시며, 순결하고 웅숭깊은 한 장의 그림이다. 저 자태는 통렬한 설교보다 현자의 전언 같은 무언의 가르침이다. 적송을 눈 속에 넣고 톺아본다. 나는 적송의 수관을 바라보고 있지만 적송의 눈길은 자신의 마음자리와 뿌리를 향하고 있는지도 모른다.

나는 메마른 시멘트 건물의 좁은 발코니에 위태하게 서 있지만, 적송은 땅속에 뿌리를 서려두고 달빛 속에 도저하게 서 있구나. 뿌리는 더 좋은 자리를 찾아 주변을 서성대거나 산짐승처럼 거친 숲을 싸다니며 탐욕을 부리는 것을 원치 않았겠지. 햇빛을 등진 채 땅속의 어둠과 진탕 속에서 땅 위의 것들을 받들고 키우기 위해 밤에도 불면으로 뒤척였을 것이고. 뿌리가 어둠 속에서 겪은 고통의 대가가 저 정정한 형상을 만들어 냈으리라.

육신을 추스르고 속뜰을 맑히기 위해 찾아든다는 산골짝에서 정작 만난 것은 서늘하고도 짱짱한 생의 긴장이다. 무엇을 깎아내고 무엇으로 채울 것인가. 하루를 어찌 엮고 일상을 무엇으로 벼리며 생을 어떻게 빗질해야 할 것인지 곰곰 되씹게 한다. 밖으로 한 발짝 내딛지도 안으로 들이밀지도 못하고 발코니에 묵연히 서 있다. 적송과 거실 안과 나 자신을 새삼 번갈아 바라본다. 침묵과 소란스러움, 침잠과 혼란, 투명과 혼탁, 영과 육의 경계에 서 있는 셈이다.

거실에서 왁자한 소리가 잇달아 들려온다. 드디어 의기투합 되었는지 패를 갈라 화투판이 벌어진 모양이다. 빨리 들어와 끼어들지 않고 뭘 하느냐는 독촉이다. 발길이 머뭇거려진다. 난간 밖으로 발길을 옮기자니 턱없는 오만이고, 거실로 들어서자니 오늘따라 왠지 스스럽기만 하다. 어디든 오늘 밤은 잠을 이루기가 쉽지 않을 성싶다. 이쪽과 저쪽의 경계엔 달빛만 겹겹이 쌓여 간다.

바람의 길

근교에 나갔다가 돌아오는 길, 저편 하늘에 먹장구름 한 장 흐르는 게 보였습니다. 담양 '죽녹원' 이정표가 보여 대뜸 대숲으로 향했습니다. 소나기와 대숲, 불현듯 지난해 여름이 가슴께로 풍덩 뛰어들었기 때문입니다. 그예 댓잎을 밟고 비가 달리기 시작합니다. 대숲 밑으로 발걸음을 재촉했습니다. 빗발이 차츰 굵어지더니 그날처럼 장대비가 됩니다. 빗줄기는 정수리에 떨어져 영혼 가장자리를 적시고 또르르 가슴께로 흘러듭니다. 댓잎에 듣는 소소(蕭蕭)한 빗소리, 지난해 그날로 손목을 잡아끕니다.

그날 아침, 어머니께 전화를 드렸습니다. 올여름은 시시집에서 여름을 나자고요. 더위 철에 혼자 지내다 섭생이

부실하여 병약한 몸이 덧날까 봐 걱정되어서였지요. 하나 어머니는 제 말을 완곡히 물리쳤습니다. 시골이 편하다는 어머니의 속내를 전들 왜 모르겠습니까. 그런 어머니 때문에 늘 애면글면하지 않을 수 없었습니다. 아버지 가시고 삼 년이 지났건만 그리 고집하며 혼자 시골집에서 지내셨답니다. 적적하면 대처로 오시라고 해도 일 년에 고작 한두 번, 그도 하룻밤 묵기가 무섭게 내려가겠다고 아이처럼 조릅니다. 아무리 말려도 막무가내입니다. 물론 집안 대소가와 이웃, 평생 발붙이며 살아온 터전이 낯설고 물선 도회지와 어찌 비견이나 하겠습니까.

게다가 그 해 팔순을 넘긴 어머니는 정신을 깜박깜박 놓을 때가 있었습니다. 병원에 가서 단층촬영을 하고 보니 혈류성 뇌질환이라는 겁니다. 연전에 암 수술을 한 바 있는 어머니는 이제는 죽을병이냐고 묻기에 나이가 들면 누구에게나 오는 가벼운 증세라고만 했습니다. 걷기에 좀 불편하고 기억을 잘 못 할 뿐, 외관으로는 큰 이상이 없었으니까요. 약을 들면 낫는다고 안심시켜 드렸습니다.

약을 챙기고 반찬을 마련하여 시골로 내려갔습니다. 아

침에 가겠다고 연락을 드렸더니 동구 밖 미루나무 밑에서 기다리고 있었습니다. 해 뜨자마자 나와 기다렸으리라는 것을 압니다. 멀리 보이는 어머니의 모습은 키 큰 미루나무 밑에 놓인 조그마한 물체에 불과했습니다. 뜨거움이 목구멍까지 차올라 목젖이 아렸습니다. 어머니를 모시고 집에 들어서자 뒤란 대숲이 먼저 눈에 들어왔습니다. 일전 오셨을 때 대숲 이야기를 했기 때문입니다.

텔레비전 일기예보에서 오후에 소나기가 한차례 지나가겠다고 하더군요. 귀가 어두운 어머니는 텔레비전 소리를 크게 틀어놓았기 때문에 마당까지 들려왔습니다. 깊은 땅속에서 퍼 올린 물에 밥 말아서 풋고추 된장에 먹고 나니 배가 불렀습니다. 그리 산뜻하게 배가 부른 적은 오랜만이었습니다. 시골집 마루에서 어머니와 둘이서만 먹는 밥은 갓난이 적 어머니의 젖 같았습니다. 점심을 마친 후 어머니는 자꾸 뒷문 쪽으로 눈길을 보내셨습니다. 뒤란 둔덕엔 대숲이 있는데 그날도 어머니는 그게 마음이 걸렸던 모양입니다. 댓잎이 떨어지면 뒤란은 지저분해지기 마련인데 어머니는 그걸 지나치지 못했습니다. 마당도 마당이지만 뒤란이 정갈해야 한다고 늘 말씀하셨지요. 아무리 바빠도 안방을 닦듯 뒤란을 쓸어 정갈하게 해놓아야 마음을 놓는 어머니였습니다. 그 덕에 집 뒤란은 늘 빗자루 자국이 선명했습니다. 대숲이 있는 집은 바람에 스치는 댓잎 소리가 수런수런 귓가에 들려야 사람 사는 집이라고 말하곤 했습니다.

무엇보다 대숲이 우거지면 뒷산에서 불어오는 바람이 들지 않아 우중충하고 답답해 보입니다. 사람을 사서라도 대숲을 솎아내야겠다고 했지만 농번기라 이번에도 여의치 못했던 모양입니다. 더구나 찜통 같은 더위에 바람 한 점 없는 대숲으로 들어가 대를 솎아내는 일인지라 남의 손 빌리기가 쉬운 일이 아니었을 겁니다. 그 전에야 어머니가 손수 했던 일이었지요.

내친김에 제가 나설 수밖에요. 숫돌에 낫을 벼려 들고 뒤란 대숲으로 올라갔습니다. 몇 년간 죽순을 뽑지 않아 빽빽해서 바람 한 점 들지 않았습니다. 삼백여 평 되는 대숲, 두어 시간 낫으로 대를 솎아내다 보니 땀이 비 오듯 했습니다. 그렇다고 중도에 멈출 수 없는 일, 바람 끝이 습한 결로 봐서 비가 곧 쏟아질 것 같아 손을 부지런히 놀렸습니다. 어렵게 간벌을 끝내고 뒤쪽을 돌아보자 대숲 안이 환하게 밝아왔고 바람의 길이 만들어졌습니다. 뒷산 골짝을 타고 흐르던 바람이 대숲을 스치며 들어왔습니다. 비로소 댓잎이 수런거리는 소리가 귓바퀴 안으로 선명하게 들려왔습니다. 툇마루에 앉아서 시종 바라보고 있던 어머니는 댓잎 소리와 댓바람을 맞이하며 낮은 목소리로 입을 떼었습니다.

"좋다, 바람 통허니. 살아온 게 저 바람이었지 싶다. 막혀 부대끼지 말고 통하고 살아야 했는디. 이적 살아온 죄도 저리 풀어졌으면 좋것다만…."

어머니의 그 말씀은 나에게 길 하나를 또 만들어 주었습니다. 살아가는 대목 대목에서 죽순을 뽑고 잔대를 간벌하듯이 바람이 통하도록 마음 밭도 솎아내라는 말처럼 들렸습니다. 그 삿됨을 솎아내면, 얼크러진 한량없는 내 속뜰에도 저런 바람의 길 하나 생겨날 것만 같았습니다. 대숲에서 돌아서서 어머니를 망연히 바라보았습니다. 생의 끝자락은 단단한 호두 껍데기 같은 아집, 죄와 고통을 풀어 그 너머에 있는 진실과 만나는 시간일지도 모릅니다. 어머니의 목숨이 오래가지 않을 것이란 예감이 문득 들었습니다.

대숲이 바람에 술렁거렸습니다. 하늘이 어두워지더니 후드득후드득 소나기 한 두름 쏟아졌습니다. 땀에 젖은 몸이 다시 비에 젖었습니다. 팔순의 어머니는 툇마루에 앉아서 물끄러미 대숲을 바라보고 있고, 장년의 자식은 댓잎 끝에 취우(翠雨)되어 우두커니 서 있었습니다. 순간, 서늘한 바람 한 줄기가 어머니의 이마를 스쳐 가는 게 어른어른 보였습니다. 그렇게 갔습니다. 지난해 여름은.

그리고 자식은 여름 대숲에 다시 서 있는데 그 어머니, 댓잎 스치는 바람처럼 저편 세상으로 가신 지 반 년이 넘어서고 있습니다.

상쾌한 덫

덫이다. 차 문을 여는 순간, 뜻밖에 운진석 창틀과 실내 거울 사이에 거미줄이 눈에 띈다. 주춤 뒤로 물러서며 숨을 들이쉰다. 한 뼘 정도의 다이아몬드 형상으로 아슬아슬하게 매달려 있다. 기억 속의 여느 거미줄보다 촘촘하고 섬세한 그물(網)이다. 바쁜 아침 출근길인데 차 문을 열어놓은 채 무연히 바라보고 있다. 하필 이런 곳에 거미줄을 친 것일까. 다리에 털을 감은 거미에 대한 기억이 되살아난다.

어릴 적, 거미줄이 싫었다. 산딸기를 찾아 숲 속을 걷다가 거미줄에 얼굴이 휘감길 때는 스치는 뱀을 볼 때처럼 소름이 돋았다. 뒤뜰 음음한 대숲에서 잠자리를 잡다가 거미줄 한가운데서 이쪽을 노려보는 까만 거미를 보는 순간

잔뜩 긴장하곤 했다. 어둑한 뒷간에 들어가다가 몸에 감겨오는 거미줄에 놀라 질겁하기도 했다. 게다가 세월 따라 거미줄은 그에 못지않은 그악한 세상살이의 거미줄과 겹쳐져 늘 덫으로만 여겨졌다.

먹이가 파닥거리다 힘이 빠지면 독침을 놓는, 아무런 사전 통보도 없이 막무가내로 달려드는, 먹이가 살아 있는 상태에서 진액을 쪽쪽 빨아먹는, 먹잇감을 집요하게 기다리는, 정자집을 흔들어대며 상대에게 교태를 부리는, 먹잇감을 다리로 톡톡 건드리며 희롱하는, 먹이를 유인하기 위해 엉너리치는, 포획 후 상대의 털을 물어뜯는, 먹이를 보쌈하듯 칭칭 동여매는, 잡은 먹잇감으로 짝의 마음을 후려내는, 죽은 먹잇감을 줄에 매달아 속임수를 쓰는, 간교하고 음흉하며 흉악한… 이러한 흉계가 어찌 거미뿐이라고 말할 수 있으랴. 사방천지가 거미줄인데.

한데 웬일인지 오늘따라 거미줄이 덫으로만 여겨지지 않는다. 야릇한 기분이 돼 거미줄을 찬찬히 바라본다. 거미줄은 씨줄과 날줄로 짜여 있다. 거미는 오르락내리락 좌우 종횡무진으로 움직이면서 본능에 각인된 설계도대로 포충망을 만들었을 거다. 공중에 쳐놓은 그물, 각진 원을 그리며 퍼져 나간 씨줄 그물에 축대 역할을 하는 날줄을 양쪽에 매달아 기둥 역할을 하고 있다. 섬세하고 정교하다. 그물을 살짝 건드려본다. 끈적인다. 끈적끈적한 액이 씨줄엔 묻어 있지만 날줄엔 없다. 거미는 그런 날줄만 밟고 다니기 때문에 자신이 친 그물에 걸리지 않으리라.

하나 거미는 아무 데나 거미줄을 치진 않는다. 먹잇감들이 방심할 만한 곳에 그물을 쳐서 부주의를 노린다. 어둑하고 으슥한 곳이나 몸을 숨길만 한 데가 있어야 거미는 그물을 친다. 한데 그런 곳과는 무관한 승용차 안에 무얼 포획하려고 친 그물일까. 어디에 숨어 있는지 거미를 찾을 수가 없다.

어떻게 거미가 차 안으로까지 들어갈 수 있었을까. 외진 구석이나 으슥한 천장에 쳐진 거미줄은 가끔 볼 수 있었지만 차 안이라니 생각할수록 고개가 갸우뚱해진다. 더구나 도회지 아파트에 주차된 승용차 안에 거미가 들 리가 있겠는가. 혹시 나무 그늘 밑에 주차를 하긴 했는데 부주의로 창문을 내려놓고 내린 틈을 타 기어들었을까. 차

안을 다시 기웃거려 본다. 어디에 숨어 있을까. 한 발짝 물러서서 몸을 숙여 거울 뒤쪽과 천장 쪽을 바라본다. 기억에 거미는 그물 한가운데 죽은 듯이 있거나 날줄 끝에 숨어 있었으니까.

아침 햇살에 영롱한 거미줄을 바라보고 있으려니 혼란이 온다. 한 마리일까, 아니면 암수 짝일까. 이맘때쯤이면 곤충들의 짝짓기 활동이 활발하기에 겨울을 앞두고 차 안으로 기어들었을지도 모를 일이다. 혹시 차 안임에도 그물을 쳐야 하는 생존 본능이 발동한 것일까. 거미의 생존 방식이 궁금해진다. 곤충 대부분은 머리 가슴 배가 있지만 거미는 머리와 배밖에 없어서 날 수조차 없다. 어둠 속에서 그네를 타듯이 공중에서 이리저리 수를 놓으며 촉감만으로 그물을 치는 거미의 모습을 상상해 본다. 그 얼마나 진지하고 경쾌한 모습인가. 이제껏 지녔던 거미에 대한 인식에 혼란이 깊어진다. 숨어서 나를 먹잇감으로 노려보고 있다고 해도 어쩔 수 없는 일이다.

나도 모르게 마음이 미묘하게 휘둘린다. 섬세하고 영롱한 거미줄이 아침 햇살에 반사되어 찬란하고 함초롬하다.

이제껏 거미에 대한 기억은 피상에 불과한 것은 아닐는지 의구심까지 든다. 거미는 괴괴한 어둠 속에서 저 그물을 쳐놓고 아침을 맞이하였으리다. 미물이지만 그 생존 방식이 예사롭지가 않다. 이처럼 선명하고 섬세하며 정교한 그물을 만나기는 처음이다. 어쩌면 거미는 먹이를 포획하기 위해서만 거미줄을 치지는 않을 것이란 생각이 무뜩 들기 시작한다. 거미가 정성 들여 그물을 치는 것은 치열한 삶의 자세인지도 모른다.

차츰 눈에 비친 거미줄이 진지하면서도 상쾌한 느낌으로 다가온다. 이건 유혹의 덫이 아니라 치열한 생존의 아름다움이요 무언가 조용하고 낮은 울림이다. 어둠 속에서 밤새내 그물을 쳤을 생존의 진지한 태도와 섬세한 그 내공이 과연 내게는 있었던가를 곱새겨 본다. 이미 그 치열함은 증발해 버렸고 섬세함은 냉랭하게 박제되어 버린 지 오래지 않은가.

경계해야 할 것은 거미가 쳐놓은 거미줄이 아니라 스스로 내 마음속에 쳐놓은 삿된 그물이다. 정작 걷어내야 할 것은 저 거미줄이 아니라 내 마음속의 얼크러진 그물이다.

바쁜 출근길, 아침 햇살에 빛나는 거미줄 때문에 오늘은 지각할 게 분명하다. 하지만 하루쯤 지각한들 무에 그리 대수랴. 오늘 아침은 거미줄 덕분에 머릿속이 외려 맑고 서늘하기까지 하다. 아무래도 차 안 어딘가에 있을 거미와 당분간 동승해야겠다.

병풍과 쇠창살

이슥한데 오늘따라 아내는 그림에 매달려 있다. 그동안 벼르던 병풍을 만드는 중이다. 그 모습을 곁에서 눈여겨 바라보고 있다. 병풍을 만들려는 아내의 심중이 자못 궁금하다. 집에 병풍이 꼭 필요한 일인지 하는 생각이 고개를 들기 때문이다. 물론 나름의 이유와 용도가 있겠지만 요즘처럼 방한이 잘 되는 가옥 구조에선 바람막이가 필요 없을 터이요, 운치를 위한 일이라면 다소 호사스러운 것은 아닌지 해서다.

아내가 병풍을 만들기 위해 그림을 그리기 시작한 지 내어섯 달이 지나가고 있다. 화실뿐만 아니라 집에 와서까지 짬을 내 매달리곤 한다. 그동안 화선지엔 꽃이 피고, 녹음이 우거지며, 단풍이 들다가, 이제 산과 나뭇가지에 눈이 쌓여가고 있다. 철마다 두 폭씩 여덟 폭의 산수화를 그려 병풍을 만들 작정이란다. 등 너머로 건너다보며 문득 한 생각이 든다. 저 그림들이 병풍 안에 들어앉으면 이쪽과 저쪽을 구분 짓는 도구로도 쓰일 수 있질 않겠는가.

스무 살 적, 시난고난 앓던 할머니가 언제 숨을 거두실지 모를 지경에 이르렀다. 식구들은 밤낮으로 순번을 돌며 할머니 곁을 지켰는데 그날 오전은 내 차례였다. 할머니는 이미 곡기를 끊은 지 이레가 지나 전혀 움직일 수조차 없었다. 방안이 덥고 답답해 잠시 마루로 나와 땀을 들이고 있는데 앓는 소리가 들렸다. 급히 뒤돌아보니 할머니의 얼굴이 마루 쪽으로 떨구어져 있는 게 아닌가.

반듯이 눕혀 드렸는데, 움직일 수 없는 상태였는데, 그 짧은 순간 어떻게 고개를 움직일 수가 있었을까. 황급히 다가가니 이미 동공이 확장되며 입술만 달싹거리고 있었다. 무슨 말씀을 하시려 했던 것일까. 귀를 세워 들어봐도 도무지 알아들을 수가 없었다. 그예 숨을 거두시고 말았다. 그까짓 더위를 못 참다니, 끝까지 곁을 지켰더라면 마지막 말씀을 들을 수 있었을 텐데.

한바탕 곡소리가 낭자하고 집 안팎이 부산스러웠다. 할머니의 시신은 흰 천으로 덮여 방 윗목에 안치되고, 장롱 위에 얹혀 있던 병풍이 내려져서 할머니와 나 사이를 순식간에 갈랐다. 병풍 저쪽은 차츰 딴 세상으로 인식되고 어둡게 보였으며 무섬증을 불러일으켰다. 게다가 순간의 해찰에 대한 자책 때문에 몇 날 몇 밤을 뒤척이며 보내야 했다. 장례가 끝난 뒤에도 거의 달포 가까이 스스로 불러들인 악몽에 시달려야 했다.

군인 시절, 업무상 과실로 하루를 꼬박 부대 영창에 갇힌 적이 있었다. 영창에 들기 전, 내무반 전우들은 고의로 잘못한 게 아니니 편한 마음으로 방에 들어가 쉬고 오라고 위로하였다. 하나 0.7평의 독방에서 홀로 지낸 24시간, 어찌 마음 편할 리가 있겠는가. 무엇보다도 견딜 수 없는 것은 한 치 눈앞에서 가슴을 옭아매는 쇠창살이었다. 이쪽과 저쪽을 가로막고 있는 쇠창살은 더할 나위 없이 견고한 경계선이었다. 저쪽은 밝고 열린 세상이고 이쪽은 어둡고 닫힌 감옥이었다. 취침 구령이 떨어진 후, 전등이 꺼지고 시간이 지나가는데도 잠을 이룰 수가 없었다. 생각을 바꾸어 외려 이쪽이 편안한 자유이고 창살 저쪽은 긴장된 구속이라 마음을 달래는데도, 결국 뜬눈으로 밤을 지새우고 말았다.

아내는 여전히 그림 그리기에 열중이다. 한데 요즘 웬 헷갈림이 이렇게 고개를 쳐드는 것일까. 엉뚱하게도 이젠 병풍 저쪽에 대한 야릇한 관심과 호기심이 솔솔 일기 시작한다. 게다가 어릴 적, 물이 분 개울을 건너뛰기 전엔 저쪽이 늘 두려워 머뭇거렸는데, 어느 날 막상 마음먹고 힘껏 건너뛰고 나니 이쪽보다 저쪽이 더 새롭고 마뜩하던 기억까지 떠오르지 않는가.

"병풍은 어디에 쓸 건데?"

뜬금없는 내 말에 아내는 대답 대신 가만히 웃는다. 오랫동안 살 섞고 살아온 부부라고 해도 속내까지 모두 알 수가 있던가. 웃음의 의미는 고사하고 아내가 무슨 생각을 하고 있는지조차 모르겠다. 무슨 말을 기대하고 은근슬쩍 물어본 것일까. 줄곧 병풍의 저쪽과 쇠창살의 이쪽에 대한 기억과 상반된 의식 때문에 혼란스러웠는데, 이젠 외려 병풍이 빨리 완성되길 은근히 기다리고 있지 않은가.

세월 탓인가, 생각이 바뀐 것일까. 아니면 의식의 조작일까. 대체 이 무슨 혼란스런 감정이란 말인가. 가끔 이쪽이 두렵고 답답하다는 생각이 불쑥 들기도 하고, 저쪽이 외려 마뜩하며 자유스럽겠다는 생각조차 언뜻 스쳐 가니 말이다. 병풍과 창살의 경계 의미를 받아들이는 것은 스스로 마음자리일까. 더구나 일전에 목격한 그 사고 때문인지도 모르겠다.

그날, 인도를 따라 걷고 있는데 뒤에서 급정차하는 소리가 나더니 '꽝' 하는 굉음이 들렸다. 놀라 뒤돌아보니 저쪽 차도를 달리던 승용차가 내가 걷고 있는 이쪽 인도로 뛰어들어 가로수를 들이박고 만 것이다. 운전 미숙인지 교통사고인지는 알 수 없었지만 운전자는 피투성이가 돼 정신을 놓고 말았다. 응급차와 경찰차가 달려오고 실신한 사람이 실려 가는 광경을 목격하며, 이쪽 인도와 저쪽 차도에 대해 혼란이 일기 시작했다. 편안함과 두려움이란 이쪽저쪽 구분 없이 늘 도사리고 있다는 생각이 들었다

사정이 넘어가는 데도 아내는 그림 그리기에 여념이 없다. 도대체 무슨 생각을 하며 어떤 용도로 병풍은 만들겠

다는 것일까. 병풍이 이쪽과 저쪽을 구분 짓는 데 쓰일 수도 있음을 염두에 두고는 있는 것일까. 하나 구태여 물어보지는 않으련다. 세상살이에서 이쪽과 저쪽에 대한 알 수 없는 헷갈림과 예측할 수 없는 허방, 그리고 어긋난 상념들이 어디 한두 가지이던가.

사계절 풍경을 담은 그림들이 완고한 병풍으로 돌아오면 방 한쪽에 펼쳐 놓고 혼자 곰곰이 생각해 보리라. 어둠과 답답함과 두려움은 과연 어디에서부터 시작되며, 궁극에 가서 밝음과 여유와 편안함은 도대체 어느 쪽에 있는지를. 그리고 이쪽과 저쪽의 화해는 가능한지도 찬찬히 톺아볼 참이다.

싸리꽃 필 무렵

저게 누구인가. 숲의 강에서 찌처럼 오르락내리락하는 저 사람이 누구란 말인가. 눈에 설지 않은 뒷모습, 늙숙한 사내 절쑥거리며 산길을 걸어 내려가고 있네. 근자 들은 바 있어 짚이는 사람이다. 할머니의 무덤 앞, 서늘한 햇살이 비껴든 혼유석(魂遊石)에 홍싸리꽃 두어 가지와 빈 술병이 놓여 있다. 그래 만조 아재로구나.

삼봉산 자락 산촌에 만조가 흘러든 것은 열 살 무렵이었다. 뜬금없는 사고로 부모를 한꺼번에 잃고 끈 떨어진 신세가 된 만조는 읍내 장터 국밥집에서 손대기로 있었다. 한데 주인마누라의 구박을 보다 못한 지물포 주인이 금령댁을 붙잡고 딱한 사정을 풀어놓았나. 생각 끝에 금령댁은 일가붙이라며 만조를 빼내 집안으로 데리고 들어섰다. 제

수 마련하러 장에 간 사람이 구중중한 낯선 아이를, 게다가 절름발이를 끌고 집에 들어왔으니 누군들 반기겠는가. 금령댁은 지아비로부터 된통 지청구를 들었지만 통사정하여 가까스로 만조를 외양간 머슴방에 들였다. 사고무친 만조를 꼴머슴 구실삼아 거둬주고 싶었던 거였다.

늘 '만조야 만조야.' 하며 친자식들과 분별없이 챙기고 다독였던 금령댁. 그 그늘 아래서 어느새 코 밑이 거뭇해지고 뼈대가 굵어져 제법 사내 꼴을 갖춘 만조, 스물 댓 살의 사내가 되었다. 그날 해질녘 만조가 싸리나무 붉은 꽃가지를 지게 풀짐 위에 꽂고 돌아오는 것을 지긋이 바라본 금령댁은 마음을 굳혔다. 금령댁은 자신이 좋아하는 홍싸리꽃보다는 만조의 벌겋게 물든 가슴을 엿보았기 때문이었다. 만조에게 짝을 찾아주어야 할 때가 되었는가보다 여겼다.

마을에 들락거리는 소반 장수에게 말을 넣어 처자 하나 물색한 후 만조를 안방으로 불러들였다. 이어 텃밭 옆에 방 한 칸과 이부자리 마련하고 개다리소반에 솥단지 걸어 살림을 내주었다. 사모관대와 원삼 족두리는 없었지만, 비록 처자가 살짝곰보였지만 신랑 또한 내세울 게 없는지라 고르고 따질 처지가 아니었다. 인연 맺어 살붙이고 살다 보니 간간 웃음소리 번져 나오고 몇 가지 세간도 들였으며 딸도 하나 낳았다. 그런 만조네를 건너다보며 금령댁은 사뭇 흐뭇하기만 했다.

한데 어느 때부터 만조 입에서 한숨 소리가 새어나오기 시작했다. 이슥한 밤인데도 밖에서 서성이는 만조의 그림자가 어른거렸으며 아낙의 울음이 앙알앙알 밖으로 흘러나왔다. 금령댁은 궁금 반 걱정 반으로 다그치자 만조는 지랄병이 들었다며 투덜댔다. 이를 어쩐담, 간질병이 도졌구나. 차츰 아낙은 횡설수설하며 방바닥을 나뒹굴기도 하고, 토악질하다가 게거품 물고 눈자위 뒤집힌 채 나자빠지곤 했다. 금령댁은 보다 못해 아낙을 데리고 읍내 병원 출입을 해보았지만 별 차도가 보이질 않았다. 아낙은 자지러지고 바르작거리다가 기어이 일을 저지르고 말았다. 작살비 오던 대낮, 만조가 논 물꼬를 보러 간 사이 방문 고리를 안에서 걸어 잠그고 입에 독약을 털어 넣고 말았다. 아낙의 통절과 어린 딸년의 울부짖는 소리에 동네 사람들이 몰려들었을 때는, 툭 하는 둔탁한 소리만 남긴 채 동백꽃처럼 통째 떨어진 후였다. 웅성대는 동네 사람들 너머엔 상기도 목 놓아 우는 딸년의 울음소리만 빗속에 낭자했다. 만조는 입을 꾹 다문 채 제 손으로 아낙을 산자락에 평토장으로 묻고 말았다.

떼꾼한 눈으로 산자락 쪽만 바라보는 만조를 보다 못해 금령댁의 발걸음은 다시 바빠졌다. 친정 갯가까지 가서 수소문 끝에 반벙어리 앳된 색시 한 명 데려왔다. 한데 서로 말귀가 트이며 오순도순 살 때쯤, 색시는 산에서 캐온 독버섯을 잘못 먹고 손수레에 실려 병원으로 가는 도중에 죽고 말았다. 만조는 땅바닥에 주저앉아 넋을 놓고 말았다. 이듬해, 금령댁은 또 아랫마을에 사는 젖먹이 하나 딸린 젊은 과부에게 넌지시 말을 넣어 세 번째로 맞아들였다. 한데 그 과부는 먼 산 바라기 일쑤더니 석 달도 되기 전에 우물 파러 다니는 타관 사내와 눈 맞아 콩밭에 삼태기와 호미 자루 내던지고 줄행랑을 놓고 말았다.

어깨가 주저앉은 만조는 밤낮으로 강소주를 마셔 대기 시작했다. 금령댁의 다독임에도 투덜대기만 할 뿐, 한 점

혈육 딸년조차 돌아보지 않았다. 일손을 놓아버린 채 술에 빠진 만조는 어느 날부턴가 밤이면 유리 등불을 밝혀 처마에 매달아 놓은 삼거리 주막집으로 향했다. 치맛자락 추어올리고 박가분 허옇게 바른 주모와 수작을 떨며 술독에 빠지기 시작했다. 무슨 꿍꿍이속인지 그때마다 남편 곱사등이는 주막에서 나와 신작로 미루나무 밑에 쭈그려 앉아 반딧불이 마냥 낌빅낌빅 줄담배만 태우고 있었다. 아주까리기름 바르고 궁둥이 흔들며 오가는 사람 방으로 불러들여 주머니 속을 알겨내는 주모가 어떤 짓을 부리는지 소문이 자자한 터라 금령댁은 걱정이 갈수록 쌓였다. 자정이 넘도록 기다렸다가 만조를 붙잡고 달래며 나무라기도 했지만 만조는 이미 주모에게 홀라당 빠진 후였다. 병 깊어 몸져 누워버린 금령댁으로서는 더는 만조를 붙들거나 손을 쓸 기력이 없었다.

무논에서 개구리 짝자글 울던 날 밤, 만조는 한마디 말도 없이 마을을 떠나고 말았다. 밭뙈기 몇 자락 사려고 그농인 뼈품 팔아 묶이두었던 새경은 곱사등이 마누라 치맛속에 통째 바쳐버리고만 후였다. 금령댁은 며칠을 두고 가슴 움켜쥐더니 병이 더쳐 그만 눈을 감고 말았다. 기댈 데라곤 없는 만조가 가면 어디로 갔겠는가. 출상 날 상여 오르던 산자락 저편에서 서성이던 만조를 보았다는 사람이 있을 뿐이었다. 금령댁 부고가 근동에 돌았을 때 어찌 얼굴 밀고 동네에 들어설 수 있었으랴. 그리고 몇십 년의 세월이 흘렀다. 한데 이태 전부터 금령댁 무덤가에 가끔 서성이는 한 늙숙한 사내의 모습이 마을 사람들 눈에 띄기 시작했다.

허어 만조 아재! 홍싸리꽃을 혼유석에 놓고 금령댁과 뒤늦게 마주하였구나. 그 세월 눌러두었던 속울음을 오랜만에 쏟아냈을까. 술 한 병은 금령댁에게 올리고 한 병은 독작하면서 모진 실타래 풀어냈겠지. 하여 낮술에 걸음걸이가 저리 절쑥절쑥 오르락내리락하였구나. 산다는 것은 때론 살아온 날들을 지우는 일, 산을 오르고 내리며 무엇을 한탄하고 무엇이 지워지기를 바랐던 것일까. 꽃상여 타고 금령댁이 오르던 그 길을 만조 아재 되짚어 내려가네. 구국구국 멧비둘기소리 들려오는 바람 찬 가을 속을 절쑥거리며 내려가는구나.

무늬를 짓는 사람들

해질 무렵, 선술집으로 들어선다. 둥근 양철 탁자가 세 개 놓인 조붓한 술청이다. 창가 탁자에 두 사내가 앉아 있다. 옆 탁자에 자리를 잡는다. 서너 시간 산길을 걷고 나니 목이 마르고 배가 허출하다. 주모는 막걸리와 봄철 안주로 제격인 달래무침을 내놓는다.

옆자리 사내들은 간간 헛기침을 해댄다. 50대 중반의 중씰한 사내들이다. 쑥색 점퍼를 입은 사내는 손목에 찬 시계를 본다. 누굴 기다리는 건가. 그 앞에 앉은 안경 낀 사내는 창밖에 눈길을 던져두고 있다. 길가 은행나무 가지엔 움이 파랗게 돋고 있다. 두 사내는 눈길이 마주치더니 각자 술잔을 든다. 나도 그들을 따라 한 잔 쭉 들이켠다.

"석구, 이 사람 왜 이리 늦어?"

"제때 퇴근이나 하겠어."

"자네 아들놈 소식은?"

"어디 그리 쉬운가."

"하긴 졸업하고 바로 취직되면 애들 말로 대박이지."

"돈 구하러 다니던데, 석구 딸내미 혼사 준비는 잘 된다든가."

"보증 건과 겹쳐 집 저당 잡힌 모양이더라고."

누군 취직이 안 되고, 누군 보증 문제와 딸내미 혼사로 걱정인 모양이다. 점퍼 사내가 창밖을 기웃거리며 시계를 또 들여다 본다. 안경 사내가 다시 술잔을 든다. 점퍼 사내는 안경 사내를 바라보며 걱정스럽게 말을 꺼낸다.

"조금씩만 마셔. 그러다가 술 중독되면 어떡하려고 그래."

"허, 중독 아닌 게 어디 있나. 사는 일이 다 중독이지 뭐."

그렇겠지. 어디 술 담배나 약물만 중독인가. 숨 쉬는 일도, 밥 먹고 자는 일도, 탐착과 욕정도, 남을 돕거나 속이는 일도, 미워하고 사랑하는 일도, 살아가는 게 모두 중독인 게지. 중독인 줄도 모르고 반복하며 사는 게 우리 삶이지 않은가. 이번엔 안경 사내가 점퍼 사내에게 되묻는다.

"근데 자네 임플란트를 또 해야 한다며. 돈 많이 들지?"

"웬걸, 있는 이빨조차 빼서 팔아야 둘째 놈 대학 등록금 내게 생겼어."

안경 사내는 또 술을 들이켠다. 그때 문이 열리고 마른 얼굴에 군청색 넥타이를 맨 사내가 들어선다. 기다리던 석구 씨인가.

"늦었구먼, 앉아."

"미안, 월말 실적 때문에 눈치보다 그렇게 됐어."

"괜찮아, 난 이미 교대했고 이 사람은 늘 시간밖에 없는데 뭘."

안경 사내가 점퍼 사내의 말을 이어 석구 씨에게 나직이 묻는다.

"한산 받아, 딸내미 혼사 며칠 안 남았지? 근데 전번 빚보증 건은 어찌 잘 해결되었는가?"

"…."

석구 씨는 안경 사내가 따라준 막걸리를 말없이 단숨에 들이켠다. 안경 사내는 잠자코 석구 씨 잔을 다시 채운다. 사는 일이란 근심과 함께 한다지만, 빚 얻어 딸년 혼사까지 치러야 할 형편이라니 석구 씨 어깨가 참 무겁겠다.

"갈수록 어려워. 보험사 때려치우고 자네처럼 택시 운전이나 할까 봐."

석구 씨가 푸념처럼 말을 빼자 점퍼 사내는 정색을 하며

"팔자 좋은 소리, 그래도 견뎌. 나처럼 장사하다가 망해 택시 몰며 날마다 사납금 맞추기가 어디 쉬운 줄 알아?"

안경 사내도 덩달아 박자를 맞추며 거든다.

"나 보게, 직장에서 밀려나 빈둥대는 거 안 보여? 잔말 말고 비 온 뒤 땅바닥에 찰싹 붙어 있는 마른 나뭇잎처럼 끝까지 버텨."

세 사내는 잔을 부딪치며 술을 들이켠 후 달래무침을 안주로 씹는다. 나도 다시 잔을 채워서 들이켠다. 석구 씨가 술을 더 달라 재우치자 주모는 봄동 겉절이와 막걸리 세 병을 탁자에 놓고 나서 전등을 켠다. 금세 술청이 환

해진다.

“내가 살 테여. 주모, 여기 오징어무침 한 접시! 오늘은 좋게 시외를 두 번이나 뛰었어.”

점퍼 사내가 호기롭게 술값 말을 꺼낸다.

“아니야, 오늘은 내가 낼 게. 첫 월급 탔다며 며칠 전 딸내미한테 용돈을 받았거든.”

안경 사내가 일어서서 성마르게 지갑을 꺼내 까 보인다.

“거참 이거 왜들 이래, 술맛 떨어지게. 그래도 꼬박꼬박 월급 받는 분이 누구신데 이러시나. 사납금 때문에 늘 쩔쩔매고 날마다 오갈 데 없어 빌빌대는 실업자 주제에. 잔말 말고 잔 앞으로 들어. 자, 내일을 위하여!”

석구 씨는 손사래를 치며 몇 잔에 불콰해진 얼굴로 목청을 높이며 건배를 제의한다. ‘내일’을 위하여! 그래 맞아, 내일에 속을지언정 맵짠 일상을 잘들 이겨내고 있구나. 사는 일은 향락이 아니라 노역 쪽에 가깝지만, 내일은 오늘보다 나을 것으로 믿기에 날마다 치유되고 거듭나며 견디는 것이리라. 각다분한 현실일망정 너끈히 견딜 줄 일며 서로 어깨 기대고 살아가는 사람들이 아닌가. 나도 덩달아 이들과 눈빛으로 건배하며 석 잔째 막걸리를 들이마신다. 한 잔이 이들과 더불어 석 잔이 된 셈이다.

문득 <술값>이라는 어느 시인의 시 한 구절이 머릿속에 떠오른다. '말 많이 하고 술값 낸 날은 잘난 척한 날'이라는데, 이들은 모두 말을 많이 하고 다투어 술값을 내려고 하니 잘난 척한 셈이란 말인가. 아니다. 가년스러운 형편들이지만 이들은 잘난 척이 아니라 정말 잘난 사람들인지도 모른다. 세 사내는 의기투합이나 한 것처럼 좀 전의 무거움에서 벗어나 술잔을 권하고 말끝마다 웃음이 쏟아져 술청이 왁자하다.

그만 집으로 가야 할 텐데, 이들을 눈여겨보는 맛에 젖어 자리를 뜨지 못하고 있다. 마음 같아서는 그들 사이로 끼어들고 싶지만 곁에서 보는 것만으로도 넉넉하다. 애환을 섞으며 따뜻하게 익어가는 이들이야말로 생의 무늬를 질박하게 만들어가는 구순한 사람들이 아닌가. 이들과 함께 있다는 생각에 가슴 저편에서 올라오는 다순 기운으로 시방 느껍기만 하다.

바람 속에서

오색 바람개비

보이지 않는 바람, 만지기라도 하고 싶었다. 바람 속을 헤집고 쏜살같이 달리면 될 것으로 여겼다. 촌동(村童)은 오색 바람개비를 앞세우고 숨이 턱에 차오를 때까지 헐헐대며 달렸다. 그렇게 지칠 때까지 뛰고 뛰었다. 그러나 그저 스칠 뿐, 손에 잡히는 것은 아무것도 없었다. 어떻게 하면 한 번이라도 바람을 만질 수 있을까를 곰곰이 생각했다. 아무리 생각해 보아도 깜냥으론 그 방법밖에 없을 것 같았다. 바람이 모여 사는 강둑으로 나갔다. 그곳에는 서늘하고 매운 차가운 바람이 몰려다니며 붐비고 있었다. 그 바람 속에서 헤매다가 웃옷을 벗어 한쪽은 묶고, 한쪽은 바람 부는 쪽을 향해 열어 놓은 채 한참을 뛰다가 멈춰서 옷 속에 손을 넣어 보았다. 하나 바람이라 인식할 수 있는 것은 무엇 하나 만져지지 않았다.

푸른 목발

만질 수 없는 바람, 야금야금 고양이처럼 다가왔다. 한데 차츰 눈빛을 세우더니 사방을 들쑤셔 어지럼증을 일으켰다. 회오리가 된 바람은 옷자락을 헤집고 가슴팍을 파고들었다. 바람은 영혼을 마구잡이로 뒤흔들었다. 발목이 겨우 여물었지만 혼돈의 계절이었다. 봄은 푸른 목발을 짚고 다가왔다. 벚꽃이 꽃눈개비가 되어 흩날리는 바람 찬 봄날은 까닭 모르게 어디론가 도망치고 싶었고, 어딘가에 처박혀 숨고만 싶었다. 그 증세는 봄마다 치르는 곤욕이었고 속절없이 앓아야 했던 열병이었다. 그때마다 연례행사처럼 며칠은 만취하여 인사불성이 되곤 했다. 도리 없이 골방에 칩거하며 견디곤 했다. 혼란스러운 열기가 가실 무렵, 바람은 바다 쪽으로 슬그머니 꽁무니를 빼더니 어느 순간 깜뭇 사라지고 말았다.

떠돌이의 피

사라진 바람, 허기진 첩년을 뒤딸리고 다시 찾아들었다. 해풍이 품은 염분 탓에 갈증으로 피돌기가 빨라졌다. 피가 뜨거워 제자리에 머물러 있을 수가 없었다. 정처 없이 목이 떼인 풍뎅이처럼 맴돌며 사방을 헤맸다. 마음자리를 틀어잡기 위해 산중 외진 암자에 틀어박혔다. 갈증을 죽이기 위해 생뚱맞게 국어사전 한 권을 처음부터 끝까지 읽어 나갔다. 유폐되어 방안에서 끙끙 앓다가 며칠 만에 밖으로 나와 만난 것은, 또 한 무리의 세찬 바람이었다. 암자에서 내려다본 바람은 야생마처럼 달리고 있었다. 거친 바람으로 숲 속 굴참나무가 심하게 나부대며 뒤척거렸다. 뜻밖에 전복의 쾌미로 피가 얼크러져 들끓었다. 이번엔 숲 속의 바람처럼 떠돌고 싶었다. 그 피 한 방울은 첩년이 낳은 떠돌이의 자식이었다.

모순의 깃빌

떠도는 바람, 구꿈맞게도 이편에서 저편을 갈망했다. 일상의 비늘을 벗고 깃발처럼 흩날리고 싶었다. 그 갈망이 아이러니하게도 그를 찾게 했다. 그는 높은 담장 안 감옥에 갇혀 있었다. 푸른 나이에 푸른 깃발 들고 앞장서 달리다 육신이 갇힌 그의 얼굴과 눈빛을 보고 싶었다. 그가 갇혀 있는 곳의 경계엔 높은 담장을 따라 수십 그루의 키 큰 미루나무가 열병하듯 줄지어 서 있었다. 무덥던 여름날, 오종종한 수천 개 미루나무 이파리들은 세찬 바람에 깃발처럼 펄럭이며 그 담장 안쪽을 향해 나부끼고 있었다. 그 위로 작살비가 한 줄금 세차게 쏟아졌다. 감옥 안으로 부는 이파리들은 몸서리를 앓으며 진저리를 쳤다. 수천 개의 깃발은 감미한 도취, 하나 바라만 볼 수밖에 없는 아쉬움과 어지러운 깃발이었다.

알량한 목구멍

아쉬운 바람, 언제부턴가 무엔가 쫓기는 것도 같고 점점 초조해지기도 했다. 가슴은 잿빛 회한으로 물들어가고 흰 머리칼은 불안함을 재촉했다. 숙면의 밤보다 불면의 밤이 늘어나고 뒤척이다가 새벽을 맞이하곤 했다. 사소하고 공연한 일에 괜히 화를 내놓고 스스로 쓴웃음을 짓기도 했다. 더러 마음이 없는 독한 말을 내뱉기도 하며 짜증을 부리는 일도 잦아졌다. 차츰 이런저런 감정을 채신머리없이 드러내기도 민망스러운 일인지라 돌아서서 혼자 끙끙 앓기가 일쑤였다. 모험할 처지도 아니기에 알량한 선술집에서나 목구멍으로 칼 가는 소리나 해댈 뿐이었다. 세상사가 떨떠름하여 푼수 없이 텔레비전 채널이나 돌렸다. 어느 날, 우우우 허공을 달려가는 발걸음 소리가 들려 장문을 열고 바라보니 바람의 몸짓이었다.

대숲의 똬리

달리는 바람, 생의 언저리를 맴돌다가 어지러움과 메마름을 다스려 길라를 잡았다. 야트막한 언덕을 넘어 고향 대숲으로 눈길이 갔다. 몇 년간 죽순을 뽑지 않아서 빽빽하고 칙칙해 바람 한 점 들지 않은 뒤란 대숲, 두어 시간 낫으로 대를 짯짯이 솎아내다 보니 땀이 비 오듯 했다. 어렵게 간벌을 끝내고 뒤쪽을 돌아보사 대숲 안이 환하게 밝아왔고 바람이 길이 만들어졌다. 뒷산 골짝을 타고 흐르던 바람이 대숲을 스치며 들어왔다. 비로소 댓잎이 수런거리는 소리가 귓바퀴 안으로 선명하게 들려왔다. 대숲이 바람에 술렁거렸다. 순간, 바람 한 줄기가 앙가슴을 관통하며 나직이 내뱉는 말소리가 귓전을 스쳤다. 단단한 호두 껍데기 같은 아집, 죄벌과 교만에 얼룩진 채 무명(無明)이 희미하게 똬리를 풀고 있었다.

만추의 뼈

술렁이는 바람, 서늘하게 이마를 스쳐 지나갔다. 비루한 속뜰, 바람은 빈 들판에 스스로 서게 하였다. 생을 지탱해 줄 기본 조건들이 모두 거두어진 황량한 들판에서 만난 것은 갓맑은 바람이었다. 태어나기도 전에 불었고, 지금을 거쳐, 내가 사라진 이후에도 불 그 바람에 영육을 맡기면 안일과 타성의 더께에서 벗을 수 있을 것만 같았다. 다행히 바람은 탐착과 나태를 조금씩 깎아서 거두어갔다. 이젠 가을걷이 끝난 빈 들판에서 그 바람을 순한 눈매로 맞이하고 있다. 들판에서 허수아비 되어 바람을 맞아 스스로를 곧추 세울 수 있는 단단하고 정갈한 뼈 하나 만들어야겠다. 때를 벗고 살을 깎아내 톺아보면 투명한 뼈를 맞이할 수 있으리

라. 하면 남루한 겉을 벗고 결곡한 무애(無碍)를 만날 수가 있지 않을까 싶다.

눈물 듣기

이게 무슨 소리인가. 잠을 이룰 수가 없다. 호흡을 고르며 잠을 청해보지만 머릿속이 말짱해지기만 한다. 의식의 모서리를 스치는 저 소리. 간헐적으로 떨어지며 울리는, 눈을 감으면 선율 같기도 하다가 눈을 뜨면 동굴 천장에서 떨어지는 물방울 소리와도 같다.

자정을 넘긴 지도 한참인 이 시각, 어디서 들려오는 소리일까. 개수대에 떨어지는 수돗물 소리인지, 홈통에서 떨어지는 빗방울 소리인지, 벽 건너 옆집에서 들려오는 소리인지 톺아보아도 짐작할 수가 없다. 하나 분명 주변에서 들려오는 소리다.

잠자리에서 일어난다. 귀를 열고 더듬이를 세워 주변을 탐색한다. 주방은 고요하고 밖엔 비가 오지 않는다. 그렇다면 개수대도 홈통도 아니다. 화장실까지 살펴보아도 별 이상이 없다. 옆집에서 들려오는 소리라면 이리 선명하지도 않을 텐데. 도무지 종잡을 수가 없다.

다시 자리에 눕는다. 여전히 소리는 들려온다. 귀가 더욱 예민하다. 모르겠다. 차라리 소리에 귀를 맡겨두자. 오늘 밤은 그냥 저 소리로 밤을 새워보자. 운율 삼아 느긋이 즐기는 편이 낫겠다. 마음이 조금 편해진다. 한데 떨어지는 속도가 빨라지는 것도 같고 느려지는 것도 같다. 탁하기도 하고 때론 투명하게도 들린다.

소리는 차츰 어떤 기억을 불러들인다. 의식의 갈피에 스며있는 울음과 눈물이다. 그래, 눈물이 소리를 내면 울음인 게지. 불현듯 가슴이 바싹 조여 온다. 소리 안에 눈물이 숨어있었단 말인가. 소리는 결국 뜻하지 않은 울음을 끌어 온다. 그리고 울음은 다시 되돌려 눈물을 불러들인다. 그 눈물을 듣고 있다. 귀로 눈물을 듣고 있는 셈이다. 정신은 더 말똥말똥해진다. 울음 속에서 기어이 눈물이 비집고 나온다.

어릴 적, 방학이면 한 마장 밖에 사는 막내 고모네 집에 놀러 가곤 했다. 부모님을 졸라 그곳엘 가고 싶은 이유는 따로 있었다. 고모는 신작로 가에서 가게를 하고 있어서 군것질거리가 많았다. 고모는 큰 유리병 속에 담긴 알사탕을 꺼내 내 손에 쥐여 주곤 했다. 하나 그때 신작로 건너 벌판을 무연히 바라보곤 하던 고모였지만 나는 단물이 흐르는 사탕을 입에 물고 진종일 굴리느라 정신 팔려 고모와 눈을 제대로 맞추질 못했다. 그 무렵 고모부는 밖으로 배돌며 집에 머무르는 날이 거의 없었다.

그때 그날 밤, 무슨 소리엔가 잠이 깨고 말았다. 대청마루에서 들려오는 울음소리였다. 일어나 그쪽을 바라보니 그림자처럼 앉아 있는 사람이 있었다. 고모였다. 얄푸른 달빛이 내려앉은 마루 귀퉁이에 앉아 숨죽여 울음을 삼키고 있었다. 왜 저리 새붉게 울고 있을까 생각하다가 다시 잠이 들었는데 아침에 깨어보니 고모는 아무 일도 없었다는 듯이 부엌에서 밥을 짓고 있었다.

스물서너 살 적 여행길, 강릉 경포대 근처 쿱쿱한 여인숙이었다. 종일 걸은 탓에 까무룩 잠이 들었는데 어느 순간 눈이 떴다. 옆방에서 들려온 울음소리 때문이었다. 꺼이꺼이, 허름한 벽 틈새를 비집고 들어온 사내의 통곡이 귓속을 파고들었다. 어둠 속에 울음이 눅눅히 젖어 있었다. 눕지 못하고 울음에 젖은 채 혼자 새벽을 맞았다. 밖이 희붐해서야 울음소리가 그쳤다.

지명을 넘긴 어느 봄날이었던가. 꽃샘바람이 치는 거리를 걷고 있었다. 건널목에서 녹색 신호등을 기다리고 있는데, 뜬금없이 코끝이 시큰하고 울대뼈가 알알하며 속이 우꾼하더니 가슴 저편에서 뜨거운 기운이 솟구쳤다. 순간 눈에서 눈물이 주르르 흘러내렸다. 이 무슨 일인가. 신호등이 바뀌었지만 맞서 오는 사람들이 쳐다볼까 봐 그 자리에서 하늘만 쳐다보고 있었다. 이상한 일이었다. 그때 쏟아진 눈물의 이유를 아직껏 알지를 못한다.

저 소리의 출처를 알면 잊고 잠을 청할 수 있으련만, 하나 이젠 구태여 찾지 않으련다. 소리의 진원지를 찾기보다 소리에 묻히는 게 더 낫겠다. 출처 불명의 소리는 울음이 되고 다시 눈물로 바뀌어 의식의 귓속으로 스며든다. 알 수 없는 삶의 조각들이 귓속에서 웅얼내고 앙가슴이 먹먹해진다. 그래, 눈물은 가슴의 서늘한 감각이자 뙤리를 튼 감정의 결정체이지 않은가.

출처 불명의 소리, 여전히 멈추질 않는다. 그날 밤 고모가 삼킨 울음과 사내의 통곡은 정체가 무엇이었을까. 그리고 바람 치는 봄날 뜬금없는 눈물은 어디서 서성대다가 그렇게 우우우 몰려온 것이었을까. 눈물에서 그 답을 듣고 싶다. 존재의 뿌리와 비의가 담긴, 그 눈물의 뚜껑을 열어보고 싶다. 눈물은 죽음 쪽보다는 삶 쪽으로 떨어지고 있을 것이기 때문이다. 한데 뚜껑의 손잡이는 어디에 있는 것인가. 다만 등뼈를 세우고 귀를 벼려 눈물을 들을 따름이다.

작은 기적

귓바퀴 안으로 윙 하는 소리 흐른다.

눈언저리에 빛이 고인다.

머리끝에서 흐른 의식의 핏줄기 온몸 구석까지 퍼져 나간다.

손가락을 까딱대 본다.

육신의 실체가 느껴진다.

시방 서서히 깨어나고 있다.

죽음 같은 잠이었던가.

늘숨을 볼아들이니 등판이 들썩인다. 침대 감촉이 느껴지고 눈언저리에 희붐한 빛이 감지된다. 수변을 헤아려 본다. 거실 탁자엔 간밤 읽다 접어 밀쳐둔 책이 있을 게고,

베란다 빨래걸이엔 세탁된 옷가지가 하얗게 널려 있겠다. 방 왼편엔 목리 문양 장롱이 있을 것이고, 그 안엔 어제 입었던 옷들이 허물처럼 걸려 있겠지. 오른편 벽엔 살구꽃 사이로 난 아련한 길이 채색된 풍경 그림이 걸려 있을 테고, 오늘 아침에도 눈을 뜨면 그 샛길로 걷는 꿈을 꿀 수 있겠지. 늘 그랬듯이.

차츰 의식의 가장자리에 파문이 인다. 미세한 소리가 갈수록 또렷해진다. 바깥엔 바람이 분다. 덜컹거리며 창문이 깨어나고 있다. 이 봄날 새벽, 온갖 물상들을 깨우는 저 바람은 간밤 어느 골짝에서 서성대다 내려왔을까. 저편 솔수평에 머물던 바람이 이제 어둠을 걷어낼 것이다. 바람이 불어야 물결이 치고 배가 앞으로 가듯이.

의식이 밖으로 쏠린다. 어제 땅거미 질 무렵, 발코니에 있는 화초들에 물을 주었지 않았던가. 그들은 목을 축였을까. 손톱만 하던 나팔꽃 떡잎 두 쪽은 밤새 얼마나 자랐을까. 앙증맞은 연둣빛 싹을 쏙 내민 지 사흘, 귀기울이니 꿈틀거리는 소리 들린다. 발장난을 하고 어깨를 들먹이며 기지개를 켜겠지. 길 건너 벚나무에 앉아 재재거리던 참새

들은 그 가지에서 간밤 깃을 접었을까.

금속성 신호음, 엘리베이터 오르내리는 소리다. 어둠을 털고 아침을 깨는 사람들의 발걸음소리다. 내 집 대문 앞에서 멈춘다. 누굴까. 툭, 문 밑으로 무언가 떨어지는 소리, 마르지 않은 잉크 냄새가 물큰 풍긴다. 모자를 눌러쓴 앳된 그 녀석이겠다. 오늘 신문엔 또 어떤 세상이 형형색색 무늬를 만들며 춤을 추고 있는 걸까. 툭, 이번엔 제법 둔탁한 소리다. 아, 저건 막내 놈 우유팩 떨어지는 소리. 우유 배달하는 여윈 눈매의 그 아낙, 아프다는 남편은 차도가 있는 걸까. 막내 녀석을 깨워야지. 어깨를 툭툭 쳐서 새로운 날을 맞게 해야지. 가만, 화단을 맴돌던 그 고양이 녀석은 지금쯤 깨어났겠지. 이즈음 배가 더 불룩하던데 언제쯤 몸을 풀까.

사각사각, 이건 무슨 소리인가. 그렇구나, 주방에서 들려오는 쌀 씻는 소리, 의식을 깨워 핏속으로 스며들며 빠르게 휘돈다. 삶은 단조로운 반복과 아픔만이 아닌, 더러는 뿌듯한 기쁨인 것을. 아침마다 들리는 저 소리가 이처럼 온전히 마음에 담기는 이런 날이 있듯이.

밖에서 들려오는 자동차 달리는 소리, 밤이 지나고 정녕 아침이 깨어나고 있구나. 아, 이건 또 무슨 소린가. 앞뜰, 화단에서 벚꽃 깨어나는 소리, 한데 봄은 지금쯤 오고 있는 건가 가고 있는 건가. 봄이 오는 건지 가는 건지 늘 헷갈린다. 그래도 오늘 아침, 수목과 꽃들이 어둠을 털고 꿈틀거리며 깨어나고 있다는 생각이 드니 봄은 오고 있다 여기자.

이쯤 눈을 떠볼까. 아니지, 좀 더 다시 살아났음을 만끽해야지. 간밤, 눈을 감기 전엔 살아있음이었는데 잠 속으로 빠져들면서 세상에 두었던 내 의식들을 모두 거두어들이는 장례를 치르지 않았던가. 가사(假死) 상태, 그 잠에서 깨어나지 않았으면 영영 죽음이었겠지. 빛과 소리, 느낌과 상상은 끊어지고 말았겠지. 그게 죽음이지 무언가. 하나 아침을 맞아 의식이 되돌아오고 감각을 느낄 수 있다는 게 다시 살아남이 아니랴.

날구장창, 그저 습관처럼 아침마다 눈을 뜬 거지. 지겨운 하루가 다시 시작되었다고 투덜대었지. 늘 그렇게 아침마다 무겁게 일어났던 터, 하지만 오늘은 새뜻하고 상쾌하게 눈을 뜨자. 그래, 눈을 떠야지. 죽음 같은 잠에서 깨어나 또 다른 날을 맞이하고 시작하는 거야. 어제는 낡은 것, 스스로 새롭게 하자. 새롭지 않고서는 새것을 얻지 못하리라.

서서히, 아주 천천히 눈을 뜨자. 산다는 것은 새로운 날 속으로 서서히 들어가는 것, 이 아침 얼마나 살 떨리는 경이인가. 깊은 잠에서 다시 깨어난다는, 다시 눈을 떠 살아난다는 것은 한량없는 기쁨이고 떨림이며 희망이 아닌가. 또 다른 해가 오늘도 솟을 것이다. 삶의 새 가슴으로 가자. 새날 이 아침에.

밥 먹었느냐

끼니때 밥 먹는 일보다 절실한 게 또 있을까. 마음 편한 사람과 밥상머리에 마주 앉아 하는 식사는 행복하다. 뿐인가, 좋은 사람들과 둘러앉아 담소하며 먹는 밥은 소찬일지라도 즐겁다. 예수도 제자들과 둘러 앉아 담소하며 밥 먹는 일을 즐겼다. 그래서 당시에 말 좋아하는 무리는 예수가 비천한 이들과 먹는 일에만 열이 났다고 비난했다. 그래도 예수는 잡혀가기 전날 밤까지 제자들과 함께 만찬을 즐겼다. 이처럼 기꺼운 사람들과 정담을 나누며 밥 먹는 일보다 더 값지고 성스러운 게 세상에 또 있으랴. 밥은 목구멍으로 넘어가 피가 되고 살이 되어 값진 목숨을 이어준다.

터미널에서 막냇자식을 기다리는 중이다. 외지에서 공부

한답시고 석 달 만에 집에 오는 터라 마중 나와 있다. 버스 도착 시각이 좀 일러 대기실에 놓인 텔레비전 앞에 서 있는데 마침 떠들썩한 사건이 흘러나온다. 이역 바다에서 소말리아 해적들에게 납치되어 총을 맞은 아들이 의식을 잃은 채 병상에 실려 돌아온다는 말을 듣고 부모는 넋을 잃은 채 애통해한다. 가세가 가년스러워 고등학교밖에 보내지 못해 배를 타게 되었다며, 살아서 집에 돌아오면 먼저 배부르게 밥을 해먹이고 싶다며 눈물짓는다.

버스 한 대가 플랫폼으로 들어온다. 옆자리에서 함께 텔레비전을 보며 누군가를 기다리고 있던 중년 여인은 앞으로 내닫는다. 버스 문이 열리고 얼마 후 앳된 청년이 내린다. 여인은 청년을 보자마자 다가가더니 큰소리로 대뜸 하는 첫마디가 '밥 먹었느냐.'다. 모자지간이다. 어쩌면 어머니가 자식에게 가장 많이 하는 말 중의 하나가 '밥 먹었느냐?'일 거다. 부모가 제일 걱정하는 것은 자식의 목구멍일 터, 밥은 목숨과 바로 직결되기 때문이다.

자식의 뱃속으로 들어가는 밥이 무엇보다 소중했으리라. 어머니에겐 자식의 사회적 지위나 명예보다도 밥이 더 절실한 문제다. 제 논에 물들어가는 소리와 자식 목구멍으로 음식 넘어가는 소리가 제일 듣기 좋다지 않던가. 솥에 쌀을 안치고 밥이 익어가는 소리를 들으며 자식을 바라보는 게 가장 행복하다고 한 어느 어머니가 떠오른다. 자식의 배를 곯게 하는 일은 어머니로서는 가장 참기 어려운 고통이리라.

이청준의 소설《눈길》, 그 장면만 떠오르면 가슴이 먹먹해지고 목이 멘다. 이미 남에게 넘긴 집이지만 우리 집처럼 보이게 하려고 옷궤를 그 집에 갖다 놓는 것도, 새벽에 눈이 가득 내린 어둑한 산길을 걸어 아들을 장터 차부까지 데려다 주는 것도, 아들이 떠난 뒤 어둠 속에서 망연히 차부에 앉아 있는 것도, 돌아오는 길에 두 사람의 발자국이 눈 위에 선명한 것도, 그 길을 되밟고 아들이 달려올 것만 같아 한없이 눈물을 흘리는 장면도 아니다. 그건 바로 눈길을 밟고 떠나는 자식에게 마지막으로 밥을 해 먹이기 위해 어둑새벽에 쌀을 씻었을 그 어머니의 모습이다. 어떤 어머닌들 그렇지 않으랴. 내 어머니 또한 마찬가지였으니까.

어릴 적, 농번기라 아무도 없는 집에서 나뭇가지에 고무줄을 매단 새총을 만지작거리며 놀고 있었다. 때마침 마당 귀퉁이에서 먹이를 찾는 닭이 눈에 들어왔다. 맥쩍고 심심하던 터라 닭을 향해 돌멩이를 날렸는데, 그만 그게 대가리에 맞아 닭은 그자리에서 바르작거리더니 축 늘어져 버렸다. 장남 삼아 쏜 새총에 정통으로 닭이 맞아 쓰러진 것이다. 어머니께 혼이 날 것은 분명한 일, 겁이 덜컥 났다. 그 암탉은 하루에 달걀을 두 개씩이나 낳아서 어머니는 읍내 닷새 장에 팔아 가용을 마련해 쓰는 소중한 닭이기 때문이었다. 이부제 오후 수업인지라 점심을 먹고 학교에 가야 하는데 밥이고 뭐고 팽개치고 뒷길로 달아나 학교로 도망치고 말았다.

해거름 무렵 학교가 파하고 집으로 돌아가야 하는데 마당에 널브러져 있을 닭을 본 어머니의 표정이 떠올랐다. 게다가 연전에도 장독대에 앉아 있는 도둑고양이를 맞춘다는 게 그만 장항아리를 새총으로 깨뜨려 혼난 적이 있기에 더더욱 집에 들어갈 엄두가 나질 않았다. 날은 어둑해지건만 마을이 보이는 저편 산모롱이에서 맴돌 뿐이었다. 저녁까지 걸렸으니 배에서 꼬르륵하는 소리가 연방 났다. 하지만 어둑한 산자락 밑에 먹을 게 무엇이 있겠는가. 차츰 달은 떠 밝아오는 데도 애솔나무 근처에 무덤이 있어 무섭기만 했다. 게다가 허기가 져서 참을 수가 없었다. 발치에는 달빛에 젖은 고추밭이 눈에 들어왔다. 배고픈 나머지 고추밭으로 들어갔다. 대충 때운 아침밥에다가 긴긴 여름날 두 끼를 굶었으니 허기가 질 수밖에 없었다. 고추라도 따먹어야 허기를 달랠 수 있을 것 같았다. 허겁지겁 고추 예닐곱 개를 따서 씹어 먹고 나니 속이 화끈거리고 목젖이 얼얼하여 눈물이 갈쌍거렸다.

차차 밤은 이슥해 가고 사위가 괴괴해 무섬증이 나서 견딜 수가 없었다. 야단을 맞더라도 집으로 가는 게 나을 성싶었다. 바장이다가 차마 떨어지지 않는 발걸음을 끌고 동구 근처에 도착했을 때 저편에서 불빛이 반짝였다. 다가갈수록 불빛은 어머니일 것이라는 느낌이 차츰 들기 시작했다. 그래, 맞았다. 어머니는 장명등을 들고 미루나무 곁에 우련히 서 있었다. 밤이슬에 젖은 채 자식을 기다리고 있었으리라. 어머니도 달빛 속 저편에서 들려오는 발소리가 자식의 발걸음이라는 것을 알았을까. 어머니에게 혼날 것이라는 생각에 겁을 먹은 채 다가갔다. 한데 첫마디, 어머니의 목청은 이번엔 낮게 떨려 있었다.

"어쨌느냐, 밥은!" 어린 자식은 그만 온몸에 힘이 쭉 빠지고 말았다. 고개 숙이고 달려들어 어머니의 치마폭에 얼굴을 묻고 앙앙 울고 말았다. 어머니는 박박 깍은 자식의 머리통만 쓰다듬을 뿐이었다. 하지만 당시는 왜 그렇게 울음이 터졌는지를 몰랐다. 수십 년이 흘러서야 비로소 알게 되었다. 그리고 그때 어머니의 그 말을 이때껏 한시도 잊지 않고 있다. 세월 흘러 그 자식이 아비가 되었다. 조금 후 버스가 도착하면 그 아비의 자식이 버스에서 내리리라. 맨 먼저 무슨 말이 입 밖으로 나올지 아비는 마음속으로 가늠해 보고 있는 중이다.

싸락눈 오던 날

아슴아슴하련만, 상기도 그날은 눈에 선하기만 하다.

그날, 꼭두새벽에 잠이 깼다. 아내의 뒤척임 때문이었다. 전날 초저녁부터 배가 아프다더니 산기가 돌기 시작한 모양이었다. 자리에서 일어나려는 기척에 아내는 견딜만 하다며 손짓으로 말렸다. 무심히도 남편은 다시 잠이 들고 말았지만 아내는 꼬박 밤을 새웠으리라. 동이 트려면 아직 멀었는데, 아내는 일어나 보자기에 배내옷을 비롯해 산후용품들을 주섬주섬 싸기 시작했다.

아내는 출산일을 시댁은 물론 본가에도 알리지 않았다. 산고를 홀로 치르며 첫아이를 낳고 싶어 했다. 알고 보니 드넓고 파란 잔디밭에서 솟아오르는 용을 꿈에 혼자 보았단다. 아침조차 거른 채 조심조심 셋방 문을 열고 나섰다. 쑥스러웠지만 남편은 보퉁이를 들고 아내의 뒤를 따랐다.

대문을 나서자 하늘에선 희미한 눈발이 희끗희끗 비쳤다. 젊은 부부는 길거리로 나와 택시를 잡아타고 병원으로 향했다. 하지만 의사가 출근하기에는 아직 이른 시각이었다. 평소에 들락거렸던 병원이기에 진찰했던 의사가 오기를 기다렸다. 아내는 간간 배를 움켜잡고 신음을 내뱉었다.

한참 후 늙숙한 의사는 뒷짐 지고 병원에 들어섰다. 진찰을 마친 의사는 출산하려면 더 있어야 한다며 집에 가서 기다리라는 것이었다. 아기를 그리 쉽게 낳는 줄 알았느냐며 지그시 웃었다. 배가 더 아프면 오라 쫓겨났으니 어쩌겠는가. 도리 없이 남편은 아내를 이끌고 집으로 되돌아올 수밖에 없었다.

서너 시간이 지나자 아내는 더는 버틸 수가 없었던지 병원으로 가자고 나고셨나. 남편은 한손으론 임신부를 부축하고 또 한손은 보퉁이를 잡아들고 다시 병원으로 걸음을 재촉했다. 간밤 잠도 설치고 아침 점심도 걸렀는데 무슨 힘으로 아기를 날까. 하늘에선 눈발이 더 촘촘해졌다. 본격적으로 산통이 시작되는지 아내는 손수건을 손아귀에 몰아 쥔 채 고통스러워했다.

그제야 분만 대기실로 안내되었다. 그곳에서 비명을 지르다가 잠잠하기를 십수 차례 반복하였다. 그렇게 네댓 시간 모진 산통을 치렀다. 남편이랍시고 옆자리를 지키고 있었지만 정작 도움이 되는 게 별로 없었다. 양수가 터지고 자궁 문이 열려야 한다더니, 때가 되었는지 아내는 마침내 간호사에게 이끌려 나갔다. 뜻밖에도 아내의 눈빛은 담담하고 투명했다. 하지만 분만실로 들어간 아내의 비명은 더욱 커져만 갔다. 바깥 복도에서 그 비명을 듣고 있을 수가 없었다. 태몽을 핑계 대고 남편은 병원을 빠져나오고 말았다.

밖으로 나오자 하늘은 뿌연 눈으로 가득해 있었다. 해질 무렵의 싸락눈이었다. 허기가 지고 조바심이 밀려왔다. 남편은 엉뚱하게도 싸락눈을 맞으며 걷고 싶었다. 하지만 아내의 진통 소리가 가득할 병원에서 멀리 벗어날 수가 없었다. 그 주위를 맴돌기 시작했다. 홀로 첫아이를 낳고 있을 아내를 분만실에 두고, 남편은 싸락눈을 머리에 뒤집어쓴 채 낡은 병원 주위를 돌고 돌았다. 차츰 알다가도 모를 뜨거운 기운이 가슴 밑바닥에서 자꾸 돋아 솟아올랐다. 그렇게 예닐곱 바퀴 주위를 바장이며 맴돌았다. 아버지 되기가 쉬운 일이 아닐 터, 불현듯 얼른 들어가 보아야겠다는 생각이 고개를 쳐들었다.

2층 계단 층계참을 오르는데 분만실에서는 아직도 비명이 낭자했다. 그러다가 또 한순간 잠잠했다. 어찌 된 일일까, 혹시 무엇이 잘못된 것은 아닐까. 발소리를 죽이며 분만실 안의 기미를 살폈다. 비명과 잠잠함의 연속이었다. 마침내 분만실 안에서 아이 울음소리가 터져 나왔다. 순간 귀청 안은 온통 아기 울음뿐이었다. 울음은 생명의 신호이자 강렬한 생의 요소였다. 아, 이제 태어났구나. 숨을 죽이고 죽였다. 심장이 요동쳤다. 복도를 서성이는 발걸음은 더 잦아졌다. 얼마 후 분만실 문이 열리고 후덕한 얼굴을 한 간호사의 품에 아이가 안겨 있었다.

갓난 핏덩이, 낯설고 생소했지만 그건 생명이었다. 간호사는 무어라 말을 건네며 아이의 얼굴을 보여주었다. 간호사의 말은 귀에 들어오질 않았다. 비로소 어둠 속에서 만난 빛이었다. 아이의 꽃잎 같은 작은 입술이 옴씰거렸다. 현기증이 일어났다. 아내도 떼꾼한 눈빛으로 핏덩이를 보았겠지. 핏덩이가 다시 분만실 안으로 사라졌다. 당혹스럽고 스스러웠다. 아직 준비가 덜 된 철없는 아비였다. 뜨거운 시선이 밖을 향했다. 어슬어슬한 하늘엔 여전히 싸락눈이 하염없이 내리고 있었다.

그래, 30년 전의 일이었다. 어쩌다 싸락눈을 만난 날, 맴돌았던 그날의 발걸음이 이젠 그 자리에 멈춰진다. 그때마다 그날의 싸락눈 풍경이 가슴 저편에서 한 뼘씩 오르내리며 파도처럼 놀친다. 아비와 자식이라는 이름이 갈마들기 때문이다. 낡은 그 병원 건물이 지금은 사라져 버렸건만, 그 주변을 스칠 적마다 눈길이 자꾸만 그곳으로 쏠린다. 그곳엔 아직도 싸락싸락 싸락눈이 내리고 있다. 그날의 싸락눈이.

낯선 땅에서 만난 뼈마디

이국에 대한 설렘은 뿌연 황사와 함께 밀려왔다. 중국(中國) 하남성(河南省) 정주(鄭州) 공항, 가이드의 안내를 받아 버스를 타고 목적지를 향해 서너 시간을 더 달려야 했다. 길가엔 백양나무가 촘촘하게 끝없이 늘어서 있었다. 황사로부터 농작물을 보호하기 위해 심어놓았다는데 앙상한 나뭇가지 때문에 바깥 풍경은 더 황량해 보였다. 여행 첫날인지라 들뜨기도 하련만 여섯 명의 일행은 차창으로 겨울 풍경을 바라볼 뿐 말이 없었다. 가이드도 이름과 일정만 밝히고는 입을 다물었다. 졸음이 왔다. 몇몇 사람은 이미 졸고 있었다. 간밤 잠을 설치며 새벽길이 출발하였기에 그럴 만도 하였다. 낯선 창밖은 어둠에 시나브로 묻혀 가고 있었다.

눈썹조차 빼놓고 떠나자. 눈에 보이면 볼 뿐, 의미를 부여한다거나 더 알려고 다가서지도 않으리라. 이번은 웬일인지 계획을 세우고 정보를 챙기며 법석을 떨고 싶지가 않았다. 그냥 마음 내키는 대로 최소한 준비만 하고 가볍게 떠나기로 했다. 책은 물론 메모장이나 필기도구도 일부러 챙기질 않았다. 생각도 될 수 있는 대로 하지 않겠다고 마음먹었다. 그저 무념의 상태로 다녀보고 싶었다. 그래야 뜻밖의 즐거움도 만날 수 있을 테니까. 무엇에든 얽매이다 보면 그곳에 마음이 쏠려 경직될 수도 있기 때문이다.

도착지에서 첫날밤을 보내고 창밖을 내다보니 황사는 여전했으나 기분은 상쾌했다. 가이드의 안내를 받아 몇 군데를 구경하면서도 심신은 가볍고 산뜻했다. 마음먹은 대로 눈과 배만 호사를 누리자는 속셈은 잘 유지되었다. 하여 차와 오토바이와 사람들이 뒤엉킨 무질서한 도로를 건너면서도, 지저분하고 황사에 뒤덮인 회색건물을 눈앞에 두고도, 정교하며 상상을 뛰어넘는 유물 앞에서도, 차로 몇 시간을 달려도 끝없이 펼쳐지는 광대무변한 땅을 보고도, 강한 향신료 때문에 넘길 수 없는 음식을 앞에 놓고서도, 목을 태우는 독한 술을 홀짝이면서도, 기묘한 산세와 험준한 협곡을 바라보면서도, 끝없이 흐르는 거대한 강물 앞에서도, 스스럼없이 코를 후비며 시끄럽게 떠들어대는 그들을 보고도, 아무 데서나 담배를 피우고 침을 함부로 뱉어대는 사람들을 대하면서도 무심히 지나칠 수가 있었다.

굳이 말하자면 보고 먹는 데만 충실한 관광이었다. 재충전이라는 미명 때문에 건조했던 여행과 풀어진 의식 때문에 외려 망쳐버린 휴양의 경험이 있었던 터라, 이번은 시간의 한 조각만을 채워가는 관광을 생각해 냈다. 흔히 관광이 끝나면 여행을 하게 되고 여행의 단계가 지나면 휴양을 간다고 하는데, 어찌 사람마다 다 같을 수가 있으랴. 단순함이 외려 더 큰 즐거움을 줄 수도 있는 법이니까. 그런 생각을 충족시켜 줄 만한 곳이 어딜까 고심하다가 한창 추위가 맵짠 중국 땅을 택했다. 물론 동행했던 이들과 협의를 거쳤지만 내심은 따로 있었다. 황량한 겨울 대륙은 의식을 잠재운 채 눈으로만 구경하기에 안성맞춤인 곳이라 여겼기 때문이다. 그런 생각은 황사와 추위에도 다행히 잘 유지되었고 단순한 즐거움과 가벼운 흥겨움을 잃지 않았다.

닷새째 날이었다. 유적지를 돌아보고 나와 한적한 공원 뒷길을 걷게 되었다. 해가 설핏한 무렵, 인적이 뜸한 공원 안에 앉아 있는 노부부가 눈에 띄었다. 부부는 나무의자에 앉아 우두커니 앞을 바라보고 있었다. 노부부의 시선은 발치에서 먹이를 쪼는 서너 마리의 회색 비둘기에 머물러 있었다. 발걸음을 멈추고 물끄러미 그들을 바라보고 있었다. 낯선 땅에서 바라본 노부부의 모습은 차츰 가슴에 노을과 함께 내려앉기 시작했다. 일행들의 모습이 멀어져 발길을 재촉해야 하는데도 선뜻 발길이 떨어지질 않았다. 마냥 그러고 있을 수가 없어 머리를 흔들며 발걸음을 재촉했다.

재우쳐 걷고 있는데 또 한 풍경이 눈길을 붙잡았다. 길거리에서 혼자 춤을 추며 노래를 부르는 강파른 사내였다. 사내는 취한 듯 보였으며 노랫가락 속엔 그래도 여유와 흥겨움이 배어 있었다. 공원의 노부부는 어느새 뇌리에서 잊히고 이국 사내의 늘어지는 춤사위와 노래에 젖어 있었다. 이를 구경하는 주위 사람들의 표정을 살펴보니 각기 달랐다. 그 중엔 고양이를 안고 있는 사십이 넘어 보이는 갈걍갈걍하게 생긴 여인이 눈에 띄었다. 여인의 품엔 흰 고양이가 안겨 느긋한 표정을 짓고 있었다. 여인은 춤추는 사내에게서 눈길을 거두더니 고양이에게 속삭이듯 무어라 귀엣말을 했다. 그리고는 고개를 들어 어두워 가는 하늘을 바라보다 저편으로 걸어갔다. 사내와 여인을 번갈아 바라보며, 불현듯 사는 일이란 대리석과 진흙으로 이루어진다는 말이 떠올랐다. 마음이 자꾸 어디론가 기울어지는 느낌이 들어 다시 고개를 흔들었다.

엿새째 날이었다. 서너 시간 동안 바람 찬 겨울 협곡을 걷던 중 뜻밖에 귀퉁이에 간이화장실이 보였다. 비닐 장막을 젖히고 화장실에 들어섰다. 좁디좁은 화장실에 들어서는 순간 진한 향내와 매캐한 냄새가 뒤섞여 코를 찔렀다. 소변을 보고 되돌아 나오다가 들어설 때 보지 못했던 광경이 눈에 들어왔다. 웬 사내가 환(丸)의자에 엉덩이만 걸친 채 한쪽 귀퉁이에 앉아 있었다. 사내 옆엔 연탄 화덕이 놓여 있고 그 곁엔 향이 타오르고 있었다. 남루한 외투에 검정 바지를 입고 앉아 졸고 있던 초로의 사내는 인기척을 느꼈는지 천천히 실눈을 떴다. 사내는 눈을 들어 힐끗 쳐다보더니 관심이 없다는 듯 다시 눈을 감고 말았다. 그런 사내의 모습이 또 눈길을 붙잡았다. 무슨 생각을 하며 앉아 있는 것일까. 묵언 수행 중일까, 무료함을 잠으로 메우는 중일까. 아니면 무슨 꿈이라도 꾼 것일까. 왠지 얼굴 표정이 게게 풀어져 있었다.

가이드에게 물어본즉 화장실 지기라고 하였다. 특별한 일이 없이 그렇게 앉아 있으면 된단다. 무심코 지나쳤지만 밖으로 나오니 고리삭은 사내의 모습이 차츰 손끝에 든 가시처럼 의식을 파고들기 시작했다. 어둡고 눅눅한 곳에서 무료하게 졸고 있는 사내의 모습이 눈에 알짱거렸다. 인적이 드문 추운 협곡 간이화장실에서 사내는 온종일 자리만 지키고 있단 말인가. 머리를 흔들어 보았지만 사내의 모습이 더 악착같이 달라붙었다. 그날 밤, 독한 술을 예닐곱 잔 마셨다.

되돌아오는 날, 낯선 땅과 희읍스름한 황사를 벗어나

비행기 안에 있는데, 갈 때와는 달리 의식과 눈길이 편치 않았다. 갈 때는 눈길이 바깥 풍경을 향하다가 낯선 땅에서는 차츰 낮아지더니 돌아올 때는 가슴속으로 파고들고 만 것이다. 애초 마음먹었던 볼거리와 먹을거리에만 충실하려 했는데 그만 웅덩이를 만나고 말았다. 그건 생의 뼈마디였다. 단순하고 가벼운 흥겨움을 즐기려다가 외려 의식을 들쑤시는 덫에 걸리고 만 셈이다. 구덩이를 파는 자는 자신도 거기에 빠질 수 있다더니, 눈과 배만 호사를 부리자는 짓도 어쩌면 삿된 목표였던 모양이었다. 해질 무렵, 뼈마디가 담긴 바퀴 달린 가방을 끌며 인천공항 로비를 빠져나왔다.

징검다리에 대한 상념

안개 낀 낯선 거리를 걷고 있었다. 저편 건물에 층층이 내걸린 간판들이 눈에 들어왔다. 대낮이건만 찾으려는 간판 이름은 자욱한 안개에 가려 읽어낼 수가 없었다. 그쪽으로 재우쳐 걷다가 한쪽 다리가 휘청하더니 그만 허방다리에 빠지고 말았다.

캄캄한 수렁이었다. 활개를 저으며 발버둥을 쳤으나 벗어날 수가 없었다. 바리작거리다가 깨어나니 땀이 등에 젖어 있었다. 꿈결의 갈피를 되작거려 보았지만 간판 이름은 안개에 묻혀 가뭇없이 사라져 버렸다. 아쉬움과 무력감이 밀려왔다. 주위를 찬찬히 살피며 발걸음을 조심했더라면 그런 낭패를 겪지 않았을 텐데.

허방다리에 빠지는 일이 꿈속뿐이겠는가. 대낮에도 갈팡

질팡하다가 헛발을 짚는 때가 빈번하다. 어찌 발걸음뿐이랴. 어디가 마른자리고 진자리인지, 가야 할 길인지 말아야 할 길인지를 분별하지 못하는 경우가 한두 번이 아니다. 게다가 변통머리가 서툴고 마음자리가 옙렵하지 못해 곤경에 놓이면 우두망찰하기 일쑤다. 세상사에 날렵하게 움직이며 탈 없이 잘도 걷는 사람들을 보면 부럽기만 하다. 하여 이즈음은 앞길에 징검다리라도 있으면 딱 좋겠다 싶다.

유년의 그 징검다리, 학교가 파하고 집으로 가는 길목에 개울을 가로지르는 징검다리가 처음 놓였다. 그전엔 개울 저편으로 에돌아 다녀야 했는데 막상 징검다리 앞에 서니 관자놀이가 사뭇 놀뛰었다. 가슴이 콩닥거렸으며 발을 헛디뎌 개울에 빠지면 어쩌나 싶은 조바심이 발목을 붙들었다. 하나 차츰 신발을 벗지 않고도 너끈히 건널 수가 있었고, 물살 위로 징검다리를 건너뛰는 재미 또한 그만이었다. 때론 징검다리 중간쯤에 쪼그려 앉아 흰여울 속을 들여다보기도 했다. 물에 반쯤 잠긴 디딤돌 주변에는 피라미 떼가 맴돌고, 운 좋은 날은 모래무지나 암청색 가로띠가 있는 갈겨니를 만날 때도 있었다.

차를 몰고 한적한 근교로 향한다. 오늘도 세상눈이 어두워 헛발을 짚고 나니 열패감이 든다. 징검다리가 없더라도 무사히 건널 수 있다면 얼마나 좋으랴. 스스러운 마음을 다독일 겸 징검다리를 찾아 나서는 길이다. 미루나무 잎이 바람에 팔랑대고 구름발치에 먹장구름이 무겁게 흐르더니, 그예 작달비가 쏟아진다. 빗길을 한 마장쯤 달리다가 소읍(小邑) 들머리에 차를 세운다. 차 지붕을 요란하게 두드려대는 빗방울 소리가 그날의 양철지붕을 불러들였기 때문이다.

어릴 적, 여름방학이 되면 남해 바닷가에 있는 외삼촌댁에 놀러 가곤 했다. 무엇보다 외삼촌을 따라 갯가에서 낚시하는 재미 때문이었지 싶다. 외삼촌은 다감한 목소리로 낚시 이야기를 재미나게 들려주곤 했다. 한데 그해에는 장마철이어서 뙤창으로 비 오는 바깥 풍경을 바라보며 지내야만 했다. 집은 빛바랜 양철지붕이었는데 지붕이 샜던지 툇마루로 빗물이 뚝뚝 떨어졌다. 외삼촌은 천장을 올려다보더니 무어라 중얼거리며 밖으로 나갔다.

심심했던 터라 외삼촌을 따라나섰다. 외삼촌은 창고로 가더니 양철 조각을 들고 나와 내게 들고 있으라고 하였다. 그리고는 사다리를 가져다가 처마에 걸쳐 놓고 양철 조각을 받아들더니 지붕 위로 올라갔다. 외삼촌의 다른 손에는 망치와 못이 들려 있었다. 외삼촌은 빗물이 새는 곳을 찾아 조심스레 발을 내디뎠다. 나는 외삼촌을 불안한 눈빛으로 올려다보고 있었다. 비에 젖은 외삼촌은 걷기를 멈추더니 아래에 있는 어린 조카를 향해 큰 소리로 말했다.

"조심해야 한단다, 지붕 위를 걸을 때는. 못 박힌 데를 살펴서 살살 밟고 다녀야 안전한 법이지. 그 밑에는 통나무 받침이 있거든. 그게 사람의 무게를 받쳐주는 거야. 아무 데나 함부로 밟고 다니다간 낭패를 당하는 수가 있단 말이야."

외삼촌은 비가 스며들 만한 데를 찾아 양철 조각을 덧대고 망치로 못을 여러 차례 쾅쾅 내리박았다.

차 지붕을 두드리던 빗발이 성기어진다. 설핏하던 바깥 풍경이 차츰 눈에 들기 시작한다. 읍 들머리 왼편, 야트막한 언덕바지에 자리한 적색 벽돌집이 눈에 들어온다. 종루 위에는 십자나무가 세워져 있다. 그 앞에서 내려 머뭇대다가 문을 밀고 들어선다. 긴 나무의자가 나란히 놓인 내부는 아늑하고 적요하다. 아무도 없다 여겼는데 그런 것만은 아니다. 정면엔 갈비뼈를 앙상하게 드러낸 채 한 사내가 십자나무에 못 박혀 매달려 있다. 양팔과 발, 못 박힌 세 곳의 상처가 선명하게 돋아 올라온다.

그 상처를 징검다리 삼고 살아가는 사람들의 흔적이 눈에 띈다. 그 무량한 흔적들을 묵연히 바라보다가 문을 밀고 밖으로 나온다. 징검다리는 개울에만 있는 것은 아닌 모양이다. 안으로 들어설 때보다 발걸음이 조금 더 가볍다. 하나 그때 외삼촌의 나이보다 더 많은 세월을 살아왔지만 발길이 서툴기는 여전히 마찬가지다. 양철지붕 위에서 외치던 외삼촌의 목소리가 아직도 빈약한 내 발목을 휩싸고 돈다.

머츰하던 빗발이 다시 듣기 시작한다. 비가 오락가락하더니 장마가 진 모양이다. 차 지붕을 두드리는 빗소리에 귓바퀴를 바싹 세우며, 정작 무엇을 징검다리 삼고 살아야 할까 새삼 옴씹는다. 생각할수록 아직도 징검다리 타령이나 하는 자신이 스스로 짓쩍기만 하다. 그러나 어쩌랴, 됨됨이가 늦돼서 그런 것을.

오늘

녹음을 타고 골짝의 물소리 흐른다. 지리산 피아골, 산길 오르다 보니 돌계단 위에 문이 우뚝 서 있다. 연곡사(鷰谷寺) 일주문이다. 두 기둥에 걸린 주련(柱聯)이 뜻밖에도 오늘을 깨운다.

歷千劫而不古
亘萬歲而長今

천겁을 지나도 옛날이 아니요
만세를 뻗쳐도 항상 오늘

근래 예상치 못했던 상처와 가까운 이의 급작스런 절명의 늪에서 벗어나고 싶었다. 독선과 아집, 상실과 허무가 의식을 옥죄었기 때문이다. 며칠 전, 또 골목길을 걷다가 물웅덩이에 발을 헛디디고 말았다. 빗물이 고인 웅덩이를 분별하지 못한 탓이다.

공터에 버려진 곰 인형에 눈길이 쏠려 그만 다리가 휘청거리고 만 것이다. 걷는 그 순간을 충실하지 못한 까닭이다.

어찌 물웅덩이뿐이랴. 산지사방이 온통 웅덩이들이 아니던가. 어제도 그랬듯이 오늘도 내일도 곳곳에 웅덩이들이 덫처럼 도사리고 있으리라. 한데 언제부턴가 아름다웠던 순간보다 후회스러운 일들이 자꾸 갈마든다. 차마 되작이기조차 부끄러운 일들, 아직도 가시지 않은 감정의 찌꺼기들, 삶에 충직하게 복무하지 못했던 지난 세월이 무시로 떠오를 때면 마음자리가 헝클어져 어수선하기만 하다. 그 날도 그랬다. 비에 젖은 곰 인형이 불러들인 상념에 빠져 걷다가 물웅덩이에 발을 디밀고 만 셈이다. 지난날을 추회하고 집착하며 해찰한 나머지 벌어진 일이다.

삶의 복판에는 세 가지의 '금'이 있다. 부를 상징하는 '황금'과 음식에 간을 맞추는 '소금' 그리고 현재를 뜻하는 '지금'이다. 어떤 금이 가장 소중할까. 황금은 안락과 풍요를 가져다주지만 자칫 영육(靈肉)을 좀먹을 수도 있다. 소금은 귀중한 식료지만 우리 삶을 보조하는데 그칠 뿐이다. 하나 '지금' 오늘은 어제의 미래이자 미래의 과거로 생의 절대 시간이며 소중한 현재다.

생의 현주소는 오늘이다. 인생에서 가장 값진 순간은 바로 지금이 아닌가. 오늘을 소홀히 하는 것은 과거와 미래를 망각하는 어리석음이리라. 상처 고난 실패 좌절 고통 눈물 같은 불청객들이 오늘 찾아올지라도 나를 담금질하기 위한 신의 배려라 여기며 담담히 받아들이리라. 초대하지 않은 손님들은 도둑처럼 찾아오게 마련이다. 불청객이 소리 없이 다가와 문고리를 흔들더라도 이젠 투덜대거나 홀대하지 않겠다. 외려 삶의 동반자로 받아들여 디딤돌로 삼고 에너지로 바꾸리라. 차라리 불청객과 함께 오늘 깨어 있고 싶다. 깨어나 오늘을 느끼고 생각하는 자에게는 불청객도 귀한 손님으로 바뀔 수 있기 때문이다.

누군들 생의 웅덩이와 불청객을 피해 갈 수 있으랴. 생의 붉은 속살과 맞닥뜨릴 수 있는 날은 오늘이다. 하루는 새로운 날로 시작이자 마지막이기에 오늘을 소중히 여길 따름이다. 어제도 오늘이고 내일도 오늘이지만 이 순간 오늘은 다시는 오지 않는다. 고난이 올지라도 오늘 하루를 참아보리라. 내일도 찾아오면 또 내일 하루도 꾹 참아보리라. 그리하다 보면 오늘의 고난과 슬픔이 나를 더 견고하게 만들어 주지 않겠는가.

어떤 이의 말처럼 '어제는 역사이고 내일은 미스터리이며 오늘은 선물이기에 현재(present)는 선물(present)'이다. 과거에 매달리거나 미래만 바라보는 태도는 오늘을 소홀히 하거나 놓칠 수도 있으리라. 설령 오늘이 힘겹고 고통스럽더라도, 물웅덩이에 빠지고 걸림돌에 넘어질지라도 불평하거나 슬퍼하지 말 일이다. 슬픔 없는 생이 어디 있으랴. 여덟 스푼의 슬픔과 두 스푼의 기쁨으로 버무려져 있는 게 인생이지 않은가. 하지만 그 슬픔이 가슴을 적시며 흐르다 보면 외려 영육을 맑혀줄 것이다. 그러기 위해서 슬픔을 기쁨 곁에 놓아누리라. 오늘의 상처와 슬픔도 시간과 함께 흘러가게 마련이다. 힘겹더라도 오늘을 선물이라고 여기고 살다 보면 내일의 미스터리는 기쁨과 행복으로 바뀔 수도 있으리라.

삶의 등을 밀고 가는 힘은 기쁨과 안락보다 슬픔과 고난 쪽이다. 힘겨움에 무릎이 꺾일지라도 삶의 수레바퀴를 굴리는 것은 고통과 눈물이다. 여유롭고 넉넉하다고 오늘을 일회용품처럼 소비하는 일은 자신과 삶을 욕되게 하는 일이다. 오늘이 없다면 어찌 과거를 기억하고 내일을 기약할 수 있으랴. 오늘을 산다는 것은 과거와 미래를 아울러 사는 일이지 싶다. 지혜로운 이들의 삶을 찬찬히 들여다보면 그들은 오늘을 소중히 여긴 사람들이 아니던가.

항상 오늘, 일주문 주련을 다시 되뇌어 본다. 어제는 지나간 오늘이요 내일은 다가오는 오늘이다. 나날이 첫날이고 나날이 마지막 날이며 나날이 한 번밖에 없는 유일한 오늘이다. 저편 절집도 오늘 속에 있고, 등 뒤에서 일렁이는 바람도 오늘 속에 있다. 그래, 지금은 녹음보다 더 울창하고 골짝의 물소리보다 더 청청한 오늘이 아닌가.

작가는 말한다

속은 열하고 겉은 서늘하게

문학은 인간 삶을 언어를 통해 예술적으로 표현하는 양식이다. 수필 역시 문학의 한 장르로서 예술적 스타일을 두루 갖추어야 한다. 소재가 문학적 장치를 거쳐야 형상화될 수 있기 때문이다. 진솔한 내용만으로 독자들의 공감과 공명을 받을 수도 있지만, 문학수필로서 품격을 갖추기 위해서는 적절한 미적 경로가 필요하다.

미적 과정

늘 '수필적 마음가짐(Essay type of mind)'을 견지하며 사상(事象)을 새로운 눈으로 바라보려고 한다. 소재를 만나면 메모 후 미적 경로를 생각한다. 소재의 특성을 분석하고 주제를 탐색하며, 자료를 모으고 얼개를 짠다. 밑그림이 그려지면 생각을 가다듬고 초고를 단숨에 쓴다. 그 후 잠시 접어 밀쳐 둔다. 묵혀 두었다가 생각이 무르익으면 다시 퇴고를 거듭한다. 소재에 대한 해석이 보편적인가, 내용의 긴축성과 정서적 긴장감은 있는지, 사상성과 쾌락성은 용해 처리되었는지를 생각해 본다. 창의적인 사고와 표현을 위해 고심하며, 비문이 되지 않도록 찬찬이 살펴본다. 낭독해 보아 거치적거리는 부분이 있으면 마지막 손질을 한다. 비로소 어렵게 한 편의 수필이 빚어진다.

주제

글 속에는 '무엇인가의 의미'가 있게 마련이다. 그 의미는 근원적이고 본질적인 면에서 찾고자 한다. 작고 적은 인생의 풍경조차 천착하여 깊숙이 내려가 본다. 주제는 명료하되 암시적으로 처리하며 용해하고자 한다. 주제가 흐리거나 거칠게 드러나지 않았는지 살피며, 철학적 사고가 베이도록 한다. 명료한 글이 되기 위해서는 소재 해석을 분명히 한다. 삶에 대한 관조와 사색의 기록이 되기 위해서는 대상에 대해 통찰과 따뜻한 시선을 가지려고 한다. 삶의 성찰과 생활이 없는 공허한 내용이나 지지부진한 감상적 이야기는 피하려 한다.

소재

주된 관심은 자연과 인간이다. 자연은 인간 삶의 배경이며, 인간은 자연의 한 요소이기 때문이다. 그중 자연보다 인간에 더 눈길이 쏠린다. 인간 삶의 진실에 바탕을 둔다면 그만큼 감동의 폭도 커질 것이기 때문이다. 이를 위해 체험적 소재를 선택하고 관조적인 관찰과 심안을 발동하여 대상의 내면을 세밀히 관찰하려 한다. 체험으로만 수필의 그릇에 담지는 않는다. 사색적 통로를 통해 숙성시

킨다. 무겁고 큰 소재는 다시 작은 소재로 앵글을 맞춘다. 소재주의에 빠지는 것을 경계하며, 정서적 찰기가 있는 소재라면 더욱 좋다. 무엇보다 독특한 의미와 목소리를 담기 위해 소재를 바라보는 개성적인 렌즈를 지니고자 한다.

구성

구성의 묘미가 없으면 밋밋한 글이 된다. 수필의 실감을 위해 구성은 필요하며 구체성을 위해 논리적 전개가 필요하다. 내용도 내용이지만 구성은 완성된 수필을 만드는 데 필요하다. 구성 속엔 관조와 사유, 문학적 상상, 화소의 유기적 배열을 중요하게 여긴다. 소재의 성격에 따라 때로는 시처럼 응축하고 소설처럼 서사적 흥미를 부여하며 희곡처럼 극화시키고자 한다. 서정수필에는 사이사이에 극적 요소를, 서사수필의 경우엔 사색을 끼워 넣는다. 그래도 이야기보다 사색을 중시한다. 이야기는 사색과 인식을 드러내기 위해 빌린 장치이기 때문이다. 한 편의 수필 구성에 악센트를 넣고자 한다. 악센트는 글의 정점이지 격을 높이기 위한 구성적 포인트이기 때문이다.

표현

문장의 핵은 진실성과 간결성에 있다. 진솔함과 소박함이 진실한 문장을 만든다. 뜻이 깊을수록 쉽게, 뜻이 길수록 짧게 표현하고자 한다. 덧칠과 미문을 경계하며, 문장의 장단에 의해 리듬감을 잃지 않으려 한다. 간결하고 투명하게 표현하고자 하며, 추상적 진술보다는 구체적 진술을 찾는다. 멋진 표현에 집착하지 않고, 교훈을 직설적으로 말하지 않으며, 만연체나 한자어의 사용은 피한다. 그러나 고유어는 될 수 있으면 되살려 쓰려고 한다. 어휘와

어법에 주의하고, 시제에 신경을 쓰며, 감정 표현은 절제하고자 한다. '속으로 열하고 겉으로 서늘하라.'와 '섬세하되 살찌지 말아야 하고, 간결하되 뼈가 드러나지 않아야 한다.'는 말을 금과옥조로 삼고 있다.

탁마해야 좋은 글이 된다. 수필은 소재를 익혀 다루고 의미 있게 해석해서 정제된 문장의 옷을 입혀야 좋은 글이 된다는 것을 늘 잊지 않는다. 소재의 성격이나 주제에 따라 그때마다 작법이 다르고 입는 문장의 옷도 다르다.

오직 그 소재나 주제를 형상화하기 위해 그때마다 거기에 알맞은 틀을 구상하고 어휘를 동원하여 사유의 결과를 문장으로 용해하는 노력을 할 뿐이다. 좋은 수필은 가치 있는 체험과 사상(事象)에 대한 통찰, 의미를 담는 적절한 구조와 정제된 문장이 필요하다. 잘 쓴 수필보다는 좋은 수필을 더 원한다. 좋은 수필 한 편을 빚어낸다는 게 어찌 쉬운 일이랴.

정태헌
전남 무안 출생
月刊文學(98)으로 등단
광주문학상 대표에세이문학상 등 수상
저서로는 《동행》, 《목마른 계절》, 《경계에 서서》,
《바람의 길》(선집) 등.
현재 광주에서 학생들에게 국어(문학)를 가르치고 있다.

정태헌 수필선
2014년 7월 25일 초판 인쇄
2014년 8월 1일 초판 인쇄

지은이 정태헌 | 펴낸이 김은영 | 펴낸곳 북 나비
출판신고 2007년 11월 19일 제380-2007-00056호
주소 142-868 서울시 광진구 자양로 23길 65(구의동, 1층)
전화 (02)903-7404, 팩스 02-6280-7442
booknavi@hanmail.net
www.booknavi.co.kr

ISBN 978-89-993682-68-7 04810
ISBN 978-89-993682-67-0 (세트)
값 7,000원